BY THE DANUBE

Selected poems of
Attila József

A bilingual edition

Selected and translated by

John Bátki

BY THE DANUBE

Selected poems of
Attila József

A bilingual edition

CORVINA

Published in 2010 by Corvina Books Ltd.
Budapest, Dankó u. 4–8, Hungary

Second edition

Selection and translation © John Bátki

ISBN 978 963 13 5950 3

Layout by Miklós Kozma

Typeset in "Janson" designed in the 17th century
by Miklós Tótfalusi Kis

Printed in Szekszárdi Printing House,
Hungary

ACKNOWLEDGEMENTS

Some of these translations first appeared, in earlier
versions, in the following magazines: *The Baltimore Sun,
Choice, Collegium Budapest Bulletin, December, Exquisite Corpse,
FIELD, The Greenfield Review, The Iowa Review,
The Lamp in the Spine, Mundus Artium, Maelstrom,
New Directions 24, The Nickel Review, Poetry, The Seneca Review,
South Dakota Review, Southern Poetry Review, Talisman,
The World.*
In book they first appeared in *Winter Night: Selected Poems
of Attila József* published by Corvina and
Oberlin College Press in 1997.

TARTALOM

6

CONTENTS

MEGFÁRADT EMBER

A földeken néhány komoly paraszt
hazafelé indul hallgatag.
Egymás mellett fekszünk: a folyó meg én,
gyenge füvek alusznak a szívem alatt.

A folyó csöndes, nagy nyugalmat görget,
harmattá vált bennem a gond és teher:
se férfi, se gyerek, se magyar, se testvér,
csak megfáradt ember, aki itt hever.

A békességet szétosztja az este,
meleg kenyeréből egy karaj vagyok,
pihen most az ég is, a nyugodt Marosra
s homlokomra kiülnek a csillagok.

[1923]

A TIRED MAN

Solemn peasants in the fields
straggle homeward without a word.
Side by side we lie, the river and I,
fresh grasses slumber under my heart.

A deep calm is rolling in the river.
My heavy cares are now as light as dew.
I'm not a man, or child, "Hungarian" or "brother"—
lying here is just a tired man, like you.

Evening ladles out the quiet,
I'm a warm slice from its loaf of bread.
In the peaceful sky the stars come out
to sit on the river and shine on my head.

ÜVEGÖNTŐK

Az üvegöntők nagy tüzeket raknak
és vérükkel, meg veritékükkel
összekeverik az anyagot,
mely katlanukban átlátszóvá forr.
Azután meg táblákba öntik
s erős karjuk fogyó erejével
egészen símára hengerelik

És amikor megvirrad a nap,
a városokba meg a tanyai viskókba
elviszik vele a világosságot.

Néha napszámosnak hívjátok őket,
néha pedig költőnek mondjátok,
noha nem több egyik a másiknál.
Lassan egyformán elfogy a vérük,
ők maguk is átlátszókká lesznek,
ragyogó, nagy kristályablakok
a belőletek épülő jövendőn.

[1923]

14

GLASSMAKERS

Glassmakers light huge fires
and stir their blood and sweat
into the materials
that boil transparent
in their crucibles.
Then, with what's left of their strength,
they pour the glass into plates
and roll it completely smooth.

And when the sun comes up
they carry light to the cities
and to the smallest village huts.

Sometimes they are called laborers,
at other times, poets—
though one is as good as the other.
Slowly they run out of blood
and grow transparent:
large crystal windows to the future
built on you.

HÉT NAPJA

Tintába mártom tollamat
és tiszta, kék égbe magamat.

Félrerángatom a harangkötelet,
falbaverdesem szegény fejemet.

Ki látja meg, hogy már látszanak
kilógó nyelvünkön az igért utak,
hogy nincsen hiába semmi és a minden
nem siklott ki föltépett ereinken,
hogy kristály szeretne lenni a patkány is
s a darabkább utálja már a darabkát is,
hogy magadat tisztán találod meg másban
és nyugalom van a szükséges rohanásban,
hogy leheletünktől kigyúlnak a házak,
és engesztelő vízzel már locsolgatnának,
hogy hidak robbannak a szegényemberekben?!

Ó, barátaim, hét napja nem ettem.

[1924]

FOR SEVEN DAYS

I dip my pen into ink,
I dip myself into the clear blue.

I tug at the bell ropes,
I beat my poor head against the wall.

Who can see the promised road
at the tip of our hanging tongues,
see that nothing is in vain, that all
was not lost through our slashed veins,
that even the rat aspires to be a crystal,
and the little crumb looks down on the lesser crumb,
that you can find yourself pure in others,
and calm exists in the inevitable rush,
that our breath could set buildings on fire,
while a sprinkle of water's supposed to appease us,
and bridges blow up inside the poor?

O my friends, for seven days I have not eaten.

IGAZ EMBER

Szemeim, ti fényfejő parasztnők,
fordítsátok ki a sajtárokat,
nyelvem, szép szál kurjantós legény,
hadd abba hát a kubikolást,
állat, szaladj belőlem Ázsiába
izzadó erdők gyökereihez,
gerincem, szédülj az Eiffel-torony alá,
szigonyod a szagot elkerülje,
orrom, vitorlázó grönlandi halász,
kezeim, Rómába zarándokoljatok,
lábaim, árokba rugdossátok egymást,
szolgáltassátok be a cintányérokat,
füleim, a cintányérokat!
Combom, ugorj Ausztráliába,
te harmatos-rózsaszínű fiahordó,
gyomrom, te könnyű léggömb,
repülj a Szaturnuszig, a Szaturnuszra!
Mert úgyis kilépek számszélire
s íves kiáltással füleikbe ugrom,
mert fölhúzták már a megállt órákat,
mert ívlámpákként ragyognak majd a falvak,
mert fehérre meszelik a városokat
és csigolyáim szétgurulhatnak a világba,
én már akkor is egyenesen állok
a görbén heverő halottak között.

[1924]

18

A JUST MAN

My eyes, you girls who milk the light,
turn over your pails,
tongue, you tall handsome whooping young man,
leave your day-labor,
jump out of me, beast, escape to Asia,
to the roots of sweating forests,
backbone, collapse under the Eiffel Tower,
nose, you sailing Greenland whaler,
keep your harpoon away from smells,
hands, make a pilgrimage to Rome,
legs, kick each other into a ditch,
ears, surrender
your drums, your drums!
Leap over to Australia, my thigh,
you rose-pink marsupial,
belly, you light balloon, soar
to Saturn, fly away!
Then shall I step out onto my lips,
with a curving shout jump into your ears,
and stopped clocks will tick again,
villages will shine like floodlights,
cities will be whitewashed,
and my vertebrae can scatter
in all directions of the wind,
for I will be standing tall
among the crooked bodies of the dead.

NEM ÉN KIÁLTOK

Nem én kiáltok, a föld dübörög,
vigyázz, vigyázz, mert megőrült a sátán,
lapulj a források tiszta fenekére,
simulj az üveglapba,
rejtőzz a gyémántok fénye mögé,
kövek alatt a bogarak közé,
ó, rejtsd el magad a frissen sült kenyérben,
te szegény, szegény.
Friss záporokkal szivárogj a földbe –
hiába fürösztöd önmagadban,
csak másban moshatod meg arcodat.
Légy egy fűszálon a pici él
s nagyobb leszel a világ tengelyénél.

Ó, gépek, madarak, lombok, csillagok!
Meddő anyánk gyerekért könyörög.
Barátom, drága, szerelmes barátom,
akár borzalmas, akár nagyszerű,
nem én kiáltok, a föld dübörög.

[1924]

THAT'S NOT ME SHOUTING

That's not me shouting, it's the earth that roars,
beware, beware, for Satan is raving,
better lie low deep in a clear stream,
flatten yourself into a pane of glass,
hide behind the light of diamonds,
among insects under stones,
go hide inside the fresh-baked bread,
you poor man, you poor man.
With the fresh rain seep into the ground,
it's useless to plunge into yourself
when only in others' eyes can you bathe your face.
Be the edge of a small blade of grass,
you'll be greater than the world's axis.

O machines, birds, leaves and stars!
Our barren mother is praying for a child.
My friend, my dear, beloved friend,
it may be horrible or splendid, but
that's not me shouting, it's the earth that roars.

A KUTYA

Oly lompos volt és lucskos,
a szőre sárga láng,
éhségtől karcsú,
vágytól girhes
szomorú derekáról
messze lobogott
a hűvös éji szél.
Futott, könyörgött.
Tömött, sóhajtó templomok
laktak a szemében
s kenyérhéját, miegymást
keresgélt.

Úgy megsajnáltam, mintha
belőlem szaladt volna
elő szegény kutya.
S a világból nyüvötten
ekkor mindent láttam ott.

Lefekszünk, mert így kell,
mert lefektet az este
s elalszunk, mert elaltat
végül a nyomorúság.
De elalvás előtt még,
feküdvén, mint a város,
fáradtság, tisztaság
hűs boltja alatt némán,
egyszer csak előbúvik
nappali rejtekéből,
belőlünk
az az oly-igen éhes,
lompos, lucskos kutya
és istenhulladékot,
istendarabkákat
keresgél.

[1924]

THE DOG

He was so shaggy, sloppy wet,
his coat a yellow flame,
his hunger-trimmed
desire-wasted
sad flanks
sent the cool night breeze
streaming a long way.
He ran and he begged.
Crowded, sighing churches
stood in his eyes
and he scavenged
for breadcrumbs, any old scrap.

I felt as sorry for him
as if that poor dog had
crawled out of myself.
I saw in him all
that is mangy in the world.

We go to bed because we have to,
because night puts us to bed,
and we fall asleep
because starvation lulls.
But before dropping off,
as we lie, like the city,
mute under the chill vault
of fatigue and clarity
suddenly he creeps forth
from his daytime hideout
inside us,
that oh so hungry
muddy, ragged dog
hunting for
god-scraps,
god-crumbs.

Szép, nyári este van.

Vonatok dübörögve érkeznek, indulnak,
gyárak ijedten vonítanak,
kormos tetőket kormoz az este,
rikkancs rikolt ívlámpák alatt,
kocsik szaladgálnak összevissza,
villamosok csengetnek nagy körmenetben.
Transzparensek ordítják, hogy: vak vagy,
mellékuccákba ballagó falak
visszalobogtatják a plakátot,
előtted, mögötted, mindenfele – látod –
plakátarcú emberek rohannak
és – látni – a nagy háztömbök mögött
allelujázva-üvöltve-nyögve-káromkodva
lihegve-hidegen-ravaszul-kapkodva
emberlajtorján másznak magasra
emberek
s a dühödt körutak nyakán
kidagadnak az erek,
hallani, hogy sikoltanak a néma hivatalnokok,
a hazatartó munkások lassú lépéseit,
mintha öreg bölcsek lennének mindannyian,
akiknek már semmi dolguk sincs a földön.
Hallani zsebtolvajok csuklóinak puha forgását
és odábbról csámcsogását egy parasztnak,
aki szomszédja kaszálójából
épp most nyúz le egy jó darabot.
Hallok mindent, aki hallgatok.
Kolduscsontokban nyöszörög a szú,
körülszimatolnak asszonyok,
de én nagyon messziről jöttem,
kiülök szíves küszöböm elé
és hallgatok.

Szép, nyári este van.

[1924]

A FINE SUMMER EVENING

It is a fine summer evening.

Rumbling trains arrive and depart,
frightened factories are wailing,
soot-black rooftops are blackened by evening,
newsboys clamor under the streetlights,
cars scuttle back and forth,
streetcars clang in a great procession,
neon signs scream that you are blind,
walls that trail off into side streets
wave their posters back at you.
Ahead of you, behind, everywhere,
poster-faced men are scurrying,
and beyond the big city blocks you can see
hallelujah-crying-howling-groaning-swearing
panting-coldly-cunningly-grasping
men
climbing a man-ladder,
and veins are swelling
on the necks of angry avenues.
You can hear the silent office drudge's shriek,
the slow footfalls of workers going home
as if they were old sages
with nothing left to do on earth.
You can hear the soft movements of the pickpocket's wrists,
and the peasant smacking his lips
as he lifts a broad strip of hay
from his neighbor's land.
I who am listening can hear it all.
The worm whimpers in the beggar's bones,
women nose about me,
but I have come from a long way off,
so I just sit on my friendly doorstep
and keep silent.

It is a fine summer evening.

TISZTA SZÍVVEL

Nincsen apám, se anyám,
se istenem, se hazám,
se bölcsőm, se szemfedőm,
se csókom, se szeretőm.

Harmadnapja nem eszek,
se sokat, se keveset.
Húsz esztendőm hatalom,
húsz esztendőm eladom.

Hogyha nem kell senkinek,
hát az ördög veszi meg.
Tiszta szívvel betörök,
ha kell, embert is ölök.

Elfognak és felkötnek,
áldott földdel elfödnek
s halált hozó fű terem
gyönyörűszép szívemen.

[1925]

WITH A PURE HEART

I am fatherless, motherless,
godless and countryless,
have no cradle, no funeral shroud,
and no lover to kiss me proud.

For the third day I have had
no food, not a piece of bread.
My strength is my twenty years—
I will sell these twenty years.

And if no one heeds my cry,
the devil may choose to buy.
My heart's pure, I'll burn and loot,
if I must, I'll even shoot.

They will catch me and string me up,
with the good earth cover me up,
and death-bringing grass will start
growing from my beautiful, pure heart.

ÁPRILIS 11.

A talló kalászait hányva
s a verebek közé belesvén
nagy szél kapott föl egyszer engem
hirtelen, áprilisi estén.

Gyerekeit kereste arra
s engem talált ott épp az útban.
Bömbölt, örült s én mosolyogva
rengeteg mellén elaludtam.

Vitt falvan, földeken keresztül,
meghempergetett jó sárosra,
cibálva és kacagva vitt egy
pesti, csatakos külvárosba.

Az uccán vidám jasszok lógtak
s még vidámabban verekedtek,
kiabáltak, kiabáltunk és
a jasszok végül berekedtek.

Mondom, valami nagy ünnep volt,
a hívek templomokba mentek
s reszketve, szomorú kézzel
áldották őket meg a szentek.

S hogy a harangok búgtak, fölnőtt
a szívekben nagy, esti béke.
A gyilkos végzett emberével
s úgy menekült, kalaplevéve.

Reménységnek és tulipánnak
kicsikis deszka-alkotmányba
1905-ben ígyen
iktattak be az alkotmányba.

Tossing the heads of cut grass
and a quick peek at the sparrows
a mighty wind scooped me up once
out of an April evening's shadows.

She was looking for her children
and happened to find me on the way.
She roared her joy, I smiled, rocked
on her huge breasts lull-a-lay.

She swept me past village and field,
tumbled me good and muddy,
cackled and tugged as she dragged me
to the slushy outskirts of the city.

Playful sports loafed on the street,
getting into playful fights—
they hollered, I bawled,
till they quit and called it a night.

It must have been some big holiday,
the believers were streaming to church
where saints blessed them with sad hands
that trembled and moved with a lurch.

As bells were tolling there grew
a vast evening peace in each heart.
A murderer, finished with his man,
his hat in hand, was about to depart.

In a tiny pineboard contraption
a cradled tulip and hope alive
I was promulgated in the constitution
of the year 1905.

A kártyás munkásnak fiúként,
S a szép, ifjú mosóasszonynak
ligetnek, sárnak, vágynak, célnak,
fejkendőbe kötözött gondnak.

A szegényasszony rég halott már,
De fiát a szél el nem hagyja,
együtt nyögünk az erdőn éjjel
s együtt alszunk el virradatra.

[1925]

A son to that cardloving workingman,
and for that lovely young washerwoman:
the muddy park, an ambition, a goal—
a bundle of cares wrapped in a shawl.

That poor woman's been a long time gone
but the wind won't leave her son alone.
In the forest we moan the night away
and fall asleep at the break of day.

ESTI FELHŐKÖN

Esti felhőkön fekete fű nő, lassan fölszíjja a fényességet
és gyémántlevegőt locsol izzadt arcainkra.
Nyugodt lehelet a világ, ellebeg a jéghegyek fölött.
Ezek ilyenkor egész elolvadnak.

Ha követ dobunk föl, nem esik vissza, hanem csókká
válva nagy meleg szárnyakon röpül föl föl
egészen mihozzánk.
Csontjainkban a velő foszforeszkál, akár a sarkcsillag,
kettejük fényénél meglátjuk a vizet és kenyeret, melyek
elbújtak tenyereinkben.
Mi az igazság, kérdem a falaktól.
Erre eltűnnek és a csillagok alatt valamennyien
itt ültök körülöttem.

A szemhéj selyemüvegből van, simogat, ha lecsukjuk,
de azért tovább látunk.
Az áloé másodpercenként virágzik álmainkban.
Ismeretlen kedvesünkkel hálunk, ő az, aki cirógatván
figyelmeztet, ha takarónk lassacskán lecsúszik.

[1925]

ON EVENING CLOUDS

On evening clouds black grass sprouts, slowly
    absorbing the brightness and sprinkling
    diamond air on our sweating faces.
The world, a calm breath, floats over mountains of ice
Making them melt away.

The stone we throw in the air does not fall but turning
Into a kiss it flies up on huge, warm wings,
    up, all the way up to us.
The marrow in our bones glows like the polestar
In their combined light we can see the bread and water
    hiding in the palm of our hand.
Tell me, what is truth, I ask the walls.
Next they vanish and I see all of you under the stars
    here sitting around me.

The eyelid, silky glass, caresses when it's lowered,
    but you keep on seeing things.
The aloes flower every second in our dreams.
Sleeping with an unknown lover, the one whose light touch
    warns when your blanket begins to slide off.

József Attila, hidd el, hogy nagyon szeretlek, ezt még
anyámtól örököltem, áldott jó asszony volt,
látod, a világra hozott.
Az életet hiába hasonlítjuk cipőhöz vagy vegytisztító
intézethez, mégiscsak másért örülünk neki.
Naponta háromszor megváltják a világot, de nem
tudnak gyufát se gyujtani, ha igy megy tovább,
nem törődöm vélük.
Jó volna jegyet szerezni és elutazni Önmagunkhoz,
hogy bennetek lakik, az bizonyos.
Minden reggel hideg vizben fürdetem gondolataimat,
igy lesznek frissek és épek.
A gyémántból jó, meleg dalok nőnek, ha elültetjük
a szivünk alá.
Akadnak olyanok, akik lovon, autón és repülőgépen
is gyalog vannak, én a pacsirták hajnali énekében
heverészek, mégis túljutottam a szakadékon.
Igazi lelkünket, akárcsak az ünneplő ruhákat gondosan
őrizzük meg, hogy tiszta legyen majd az
ünnepekre.

[1925]

Attila József, believe me, I love you so much, this love
    I inherited from my mother who was a blessed dear woman,
    see, she brought me into this world.
We may compare life to a shoe or a dry cleaning establishment,
    but that's not why we're glad to be alive.
They're ready to save the world three times a day but still can't
    even light a match – if this goes on, I've had enough.
It would be nice to buy tickets for a trip into the Self;
    surely it must hide somewhere inside us.
Each morning I wash my thoughts in cold water,
    so they'll be fresh and sound.
Diamonds can sprout into fine, warms songs if you plant them
    under your heart.
Some folks even riding a horse, a car or an airplane
    still remain pedestrian; me, I lie around in the morning
    song of larks, yet I made it past the abyss.
One's true soul, like a Sunday suit, should be carefully
    saved, to remain spotless for the days of jubilation.

AZ OROSZLÁN IDÉZÉSE

Volt fogam közt már szivar,
csuklómban megállt a kés,
mosdatott habos vihar,
alvó számba szállt a légy,
néni szunnyadt ágyamon,
szépet álmodott szegény.
Tiszteltek, ha vért köhögtem,
mégse köptem hóba én.
Voltam vonító kaján:
halljunk hát nevetni holtat,
vagy a holt is él talán?
Erre ittam jó borocskát,
rágtam főtt malaclapockát,
kezet fogtam balkezemmel,
megpöngettem szemfogam,
isteneim mind eladtam,
ez a ruha másé rajtam,
kereshet pipogya ember,
az én megnyurgult szivemmel,
tükröm mögött szerelemmel,
oroszlánra várok én –
Első ízben cipőm fényét,
kényesítse bús sörénye,
másodízben cirógasson,
körme torkomat kitépje,
behunyt szemmel végignyaljon
harmadízben az ágyamon,
pártalanul és üvöltve
őrizze a ravatalom.

[1926]

36

CONJURING THE LION

I've had cigars clenched in my jaw,
had a knife stop at my wrist bone,
raging storms washed me in foam,
flies buzzed in my sleeping mouth,
auntie once napped on my bed,
poor thing, the dreams she had.
I coughed blood, which earned respect,
but I never spat blood on snow.
Once I used to taunt and jeer,
daring the dead to laugh, let's hear
if dead people live their own life!
I sipped a decent little wine,
chewed on pig knuckles in brine,
with my left hand shook the right,
tapped my eyetooth, sold all my gods,
learned to wear these hand-me-downs,
no lame-brain can track me down:
with my spindly, overgrown heart
and love hiding behind my mirror,
I am waiting for the lion—
First and foremost, let his rich mane
buff the polish on my shoes;
second, let him caress me,
his claws tear open my throat,
then third, with his eyes closed,
let his tongue groom me in bed,
let him be the solitary, roaring
guard as I lie in state, dead.

ÜLNI, ÁLLNI, ÖLNI, HALNI

Ezt a széket odább tolni,
vonat elé leguggolni,
óvatosan hegyre mászni,
zsákomat a völgybe rázni,
vén pókomnak méhet adni,
öregasszonyt cirógatni,
jóízű bablevest enni,
sár van, lábujjhegyen menni,
kalapom a sínre tenni,
a tavat csak megkerülni,
fenekén ruhástul ülni,
csengő habok közt pirulni,
napraforgók közt virulni –
vagy csak szépet sóhajtani,
csak egy legyet elhajtani,
poros könyvem letörülni, –
tükröm közepébe köpni,
elleneimmel békülni,
hosszú késsel mind megölni,
vizsgálni, a vér, hogy csordul,
nézni, hogy egy kislány fordul –
vagy csak így megülni veszteg –
fölgyujtani Budapestet,
morzsámra madarat várni,
rossz kenyerem földhöz vágni,
jó szeretőm megríkatni,
kicsi hugát ölbekapni
s ha világ a számadásom,
úgy itt hagyni, sose lásson –
Ó köttető, oldoztató,
most e verset megirató,
nevettető, zokogtató,
életem, te választató!

[1926]

TO SIT, TO STAND, TO KILL, TO DIE

To shove this chair away from here,
to squat down in front of a train,
to climb a mountain, with great care,
to empty my knapsack over the vale,
to feed a bee to my old spider,
to take an old crone, and caress her,
to sip bean soup, and eat cake,
to walk on tiptoes in the muck,
to place this hat on the railroad track,
to promenade around the lake,
to lie, all dressed up, in waters deep,
to get a suntan as waves leap,
to bloom among the sunflowers,
to let out at least one good sigh,
to shoo away a single fly,
to dust off a dusty book,
to spit at your mirror, look,
to make peace with all your foes,
to kill them all with a long knife,
to study how their blood flows,
to watch a young girl as she goes,
to sit still, and curl your toes,
to burn down the whole city,
to feed the birds, and have pity,
to hurl stale bread to the floor,
to make my good gal cry for more,
to take her little sister in my lap,
and if the world wants reasons,
to run away, not give a rap—
oh you binding and dissolving,
at this moment poem-writing,
laughing, weeping
life of my own deciding!

CSENGŐ

A csengetyűcsinálást
felfedezni csak az tudta,
aki kedvese kék szemét
elfeledni sohasem tudta.

A fákon megszólalnak a csengők:
valaki megérkezett.
A hajnalnak is sok csengője van,
a hajnal
fiatalasszonyok szívéből keletkezett.

Egy bosszús leány
a bokrok közé dobta csengőjét
s most halványan figyel az elveszett csengő szavára.
S egy gazdag úr
csengőt akasztott szolgája nyakába.

S a csengőszó
néha átszáll a szolga álmán.
Ha nem volna csengő, akkor én magam
kitalálnám.

[1926]

BELLS

Bell-making must have been
invented by someone
who could never forget
his love's blue eyes.

Bells start chiming in the trees:
someone's calling.
Dawns have many bells,
dawns
were born in young wives' hearts.

Once an angry girl threw
her small bell behind a bush.
Now she grows pale waiting
for the sound of that lost bell.
And a rich lord
hung a bell on his servant's neck.

The bell's jingle at times
flies through that servant's dreams.
If there were no bells I myself
would invent them.

ENGEM TEMETNEK

A pap mosolyog és derűsen
gondtalan üdvű istent dícsér.
Darazsak dongnak s poros úton
végig zümmögő gyásznép kísér.

Egy barna és ijedt leányka
ablakhoz nyomja orrocskáját
és papája a pipaszárral
megveregeti farocskáját.

S harmatos füvek gyenge ízzel.
A fákon hajnali pirosság.
Lombok zizegnek, szöcske ugrik,
a pókok hálójuk foltozzák.

Emlékem egyre merevebb lesz.
Valaki rábök homlokára,
síromig setteng s jó kutyámat
nem uszíthatom többé rája.

[1926]

MY FUNERAL

A smiling priest gives sunny praise
to the god of carefree grace.
Bees buzz and the mournful crowd
accompanies me down the dusty road.

A scared little girl with brown hair,
her nose to the window, wants to stare
but her father doles out a whack
with a long pipestem on her back.

And the fresh taste of dewy grass.
The morning's pink over the trees.
Grasshoppers hop, in rustling leaves
spiders wait in webs for bees.

As my memory grows stiff and rigid
an informer slaps his forehead.
He can snoop freely around my door—
I won't set my dog on him any more.

BEVEZETŐ

Lidi nénémnek öccse itt,
Batu khán pesti rokona,
kenyéren élte éveit
s nem volt azúrkék paplana;
kinek verséért a halál
öles kondérban főz babot –
hejh burzsoá! hejh proletár! –
én, József Attila, itt vagyok!

[1927]

INTRODUCTION

My sister Lidi's brother is home,
Batu Khan's kin in Budapest,
he's lived his life on bread alone,
never had eiderdown quilts for his rest,
and for whose poems, in a huge cauldron,
Death is cooking up a feast—
hey bourgeois! hey proletarian!
Attila József is here at last!

BIZTATÓ

Kínában lóg a mandarin.
Gyilkolt ma is a kokain.
Zizeg a szalma, menj aludj.
Gyilkolt ma is a kokain.

Az áruházak üvegén
a kasszáig lát a szegény.
Zizeg a szalma, menj, aludj.
A kasszáig lát a szegény.

Végy kolbászt és végy kenyeret,
őrizd meg jól az életed.
Zizeg a szalma, menj, aludj,
őrizd meg jól az életed.

Aki majd főz is, csókol is,
kerül majd egyszer asszony is.
Zizeg a szalma, menj, aludj,
kerül majd egyszer asszony is.

[1927]

ENCOURAGING

In China they hanged a mandarin.
Today cocaine has killed again.
The straw is rustling, go to sleep.
Today cocaine has killed again.

Through windows of department stores
the poor see where the money goes.
The straw is rustling, go to sleep.
The poor see where the money goes.

Buy yourself sausage, buy yourself bread,
be careful and don't lose your head.
The straw is rustling, go to sleep.
Be careful and don't lose your head.

A woman who can cook and kiss:
one day you'll find even this.
The straw is rustling, go to sleep.
One day you'll find even this.

PÁRIZSI ANZIX

A patron sosem kelt föl reggel,
Párizsban Jeanettek a Berták
s borbélynál is vehet az ember
főtt spenótot vagy égő gyertyát.

A Saint Michelen végig hatvan
meztelen nő dalol az éghez
s a Notre Dame: belül hideg van,
felül öt frankért rám lenézhetsz.

Az Eiffel-torony éjjel eldől,
bebúvik paplanos ködökbe,
ha lány vagy, megcsókol a rendőr
s az illemhelyen nincs ülőke.

[1927]

POSTCARD FROM PARIS

The *patron* was never up in the morning,
in Paris the Berthas are called Jeanettes,
and even in barbershops you can buy
candles, spinach or suzettes.

Along the Boulevard Saint Michel
sixty nude girls sing to the sky.
The Notre Dame is cold inside;
to see the view, it's five francs a ride.

The Eiffel Tower lies down at night,
hidden by quilted fogs from the moon.
If you are a girl, the cops might kiss you.
There's no toilet seat in the men's room.

[Ó EURÓPA...]

Ó Európa hány határ,
minden határban gyilkosok,
ne hadd, hogy sirassam a lányt,
ki két év múlva szülni fog –

Ne hadd, hogy szomorú legyek
mert európai vagyok,
szabad medvék komája én
szabadságtalan sorvadok –

Verset irok, hogy szórakozz,
a tenger a hegyfokra jött
s egy terített asztal uszik
a habon fellegek között –

[1927]

[O EUROPE...]

O Europe is so many borders,
on every border, murderers.
Don't let me weep for the girl
who'll give birth two years from now.

Don't let me be sad because
I was born a European.
I, a brother of wild bears,
wasting away without my freedom.

I write poems to amuse you.
The sea has risen to the cliffs,
and a table, fully laid,
floats on foam among the clouds.

Vidám és jó volt s tán konok,
ha bántották vélt igazában.
Szeretett enni s egyben-másban
istenhez is hasonlitott.
Egy zsidó orvostól kapott
kabátot és a rokonok
úgy hívták: Többé-itt-ne-lássam.
A görög-keleti vallásban
nyugalmat nem lelt, csak papot –
országos volt a pusztulásban,

no de hát ne búsuljatok.

[1927]

EPITAPH

He was cheerful and kind, a bit headstrong,
he spoke his mind when he was wronged.
He liked to eat, and in some ways
he resembled God.
His coat was a gift from a Jewish doc,
while from his family all he got
was: Good riddance.
He found in the Greek Orthodox
Church only priests, no peace—
he was nationwide in his decease,

but please control your grief.

NEMZETT JÓZSEF ÁRON

Nemzett József Áron,
szappanfőző, aki már
a Nagy Óceánon
szagos füveket kaszál.

Megszült Pőcze Borcsa,
kit megettek a fenék,
gyomrát, hasát sorba,
százláb súroló kefék.

Szerettem Lucámat,
de Luca nem szeretett,
Bútoraim: árnyak.
Barátaim nincsenek.

Bajom se lesz többé,
lelkemmé lett mindahány, –
élek mindörökké
gazdátlan és ostobán.

[1928]

ÁRON JÓZSEF

Áron József was my father,
he was a soapboiler. By now,
he's mowing the fragrant grass
beyond the Great Ocean.

My mother was Borcsa Pőcze,
and cancers chewed her up.
Centipede scrubbing brushes
ate her belly, then her gut.

I loved my Lucy dearly,
but Lucy did not love me.
My furniture is shadows.
Friends? I haven't any.

All my troubles are gone now,
turned into my soul—
so I can live forever,
masterless and a fool.

GYÖNGY

Gyöngy a csillag, úgy ragyog,
gyöngyszilánkokként potyog,
mint a szöllő, fürtösen,
s mint a vízcsepp, hűvösen.

Halovány bár a göröngy,
ő is csámpás barna gyöngy;
a barázdák fölfüzik,
a bús földet diszitik.

Kezed csillag énnekem,
gyenge csillag fejemen.
Vaskos göröngy a kezem,
ott porlad a sziveden.

Göröngy, göröngy, elporlik,
gyenge csillag lehullik,
s egy gyöngy lesz az ég megint,
egybefogva sziveink.

[1928]

PEARL

Stars are pearls the way they shine,
it's raining pearl slivers up high,
tumbling like grapes, in clusters,
cool as raindrops, unflustered.

Although a lump of earth is pale,
clumsy and brown, it too is a pearl,
threaded by furrows onto a string,
the sad lands' beauty, an offering.

For me your hand is a star.
Alight on my head, little star.
My hand, heavy lump, a clod,
crumbles to dust over your heart.

This clumpy lump turns to dust,
a star falls, as it must.
Again the sky is a giant pearl
where our hearts are set awhirl.

MEDÁLIÁK

1

Elefánt voltam, jámbor és szegény,
hűvös és bölcs vizeket ittam én,
a dombon álltam s ormányommal ott
megsímogattam a holdat, a napot,

és fölnyujtottam ajkukhoz a fát, –
a zöld cincért, a kígyót, a kovát, –
most lelkem: ember – mennyem odavan,
szörnyű fülekkel legyezem magam –

3

Totyog, totyog a piócahalász,
bámul, bámul a sovány kanász,
lebeg, lebeg a tó fölött a gém,
gőzöl, gőzöl a friss tehénlepény –

egy fáradt alma függ fejem felett,
a hernyó rágott szívéig szemet,
kinéz hát rajta és mindent belát,
virág volt ez a vers, almavirág –

5

Disznó, de akin jáspis a csülök,
fábul faragott istenen ülök,
hejh, bársony gyász, a tejen tünj elő!
meghalok s mázsás szakállam kinő.

S ha megrándul még bőröm, az egek,
hátamról minden hasamra pereg;
hemzsegnek majd az apró zsírosok,
a csillagok, kis fehér kukacok –

MEDALLIONS

1

I was an elephant, meek and poor,
I drank the wise waters and the cool,
stood on a hill and with my trunk
I caressed the sun, the moon,

and offered up to them a tree,—
a green cricket, a snake, a flint—
now my soul is human, my heaven is gone,
I fan myself with these horrible ears.

3

The leech gatherer stumbles, fumbles,
the thin swineherd stares and stares,
over the lake, a heron hovers,
the fresh cowflap steams and flares,—

a tired apple hangs above my head,
the worm has eaten a hole into its heart,
peeks outside, and sees the bottom,
this poem is a flower, an apple blossom.

5

A pig, with knuckles of jade,
I sit on a god carved of wood.
Hey velvet mourning, appear on the milk!
When I am dead, my beard will weigh a ton.

And if I twitch my skin, the sky,
everything rolls down to my belly.
Tiny fat things will swarm all over:
O stars, you little white maggots—

6

Ragyog a zöld gyík – sorsom keresi,
zörget a búza: magvát kiveti,
rámnéz a tó, ha belé kő esett, –
s a sírók sóhajtotta fellegek,

a háborúkkal hívott hajnalok,
ugró napok és rezgő csillagok
körülkóvályogják nyugodt fejem –
Világizzása hőmérsékletem –

8

Borostyánkőbe fagy be az ügyész,
fekete frakkban guggolva kinéz,
meredten nézi, hogy mi féltve föd,
cirógat, áld a fény, a szél, a köd, –

befut a rózsa, amint rothadok,
pihévé szednek hűvös kócsagok
és őszi esték melege leszek,
hogy ne lúdbőrzzenek az öregek –

11

Huszonhárom király sétál,
jáspiskorona fejükben,
sárga dinnyét edegélnek,
új hold süt a balkezükben.

Huszonhárom kölyök császkál,
csámpás sityak a fejükben,
görögdinnyét szürcsölőznek,
új nap lángol jobbkezükben.

[1928]

6

A bright green lizard seeks out my fate,
ears of wheat rattle and spill grain,
the pond looks at me when a stone drops in,
and clouds exhaled by mourners,

dawns summoned by wars,
suns that leap and stars that vibrate
wander around my peaceful skull.
My fever is the world's red heat—

8

The lawyer squats frozen in amber,
wears black tails and stares out
with cold eyes at the loving care
lavished by light, wind, cloud—

and as I decompose, the rose blooms,
cool egrets pick me to pieces;
I shall be the warmth of autumn moons
keeping old folks free of goosepimples—

11

Twenty-three kings promenade
with jasper crowns upon their heads,
as they nibble on cantaloupes
new moons shine in their left hands.

Twenty-three kids mill around
with beatup hats stuck on their heads,
as they gobble watermelons
new suns flame in their right hands.

MEDÁLIA

Hiába, hogy tegnap sem ettem,
evett az ördög énhelyettem
csülköket, országot, jövendőt.
S bár ő töltötte meg a bendőt –

helyén a holdaknak, napoknak,
vad ürülékeim ragyognak,
pecsétei disznó halálnak!
Hancúroznak és muzsikálnak...

[1929]

MEDALLION

Although I didn't eat yesterday either,
the devil ate plenty in my stead—
devoured porkchops, countries, futures.
He got his belly full, and yet...

in place of shining moons and suns,
it's my own wild excrements that shine
as medallions of swinish death!
They're singing and having a good time...

TISZAZUG

A báránybunda árnyakat
tűlevelű fák fércelik.
Szalad a puli pillanat,
fagyon koppantja körmeit.

Hümmögőn áhítgat a nép
s házacskák gondolkodnak, ím
zsuppjának zsíros süvegét
lehúzza ablakára mind.

Kárál a tyúk keservesen
az eresz alatt, mintha már
vénasszony lelke volna, mely
rimánkodóan visszajár.

Belül is pöttyös állatok,
ütődött, kékes öregek
guggolnak, mordulnak nagyot,
csupán hogy ne merengjenek.

Mert sok a révülni való,
ha már az ember nem kapál.
Szép, puha gond a pipaszó,
tört ujjak közt pamutfonál.

S mit ér a vén? A kanalat
elejti, csöppent, etetik
s ha ő etet, a malacok
habos vödröstül fellökik.

És lágy a tanya, langy az ól.
Csillagra akasztott homály!
Kemény a menny. A gally alól
bicegő cinke sírdogál.

[1929]

64

TISZAZUG

Pine needles stitch lambskin
shadows to the trees.
Like a sheepdog, the moment spins,
claws clicking on ice.

The mesmerized folk hem and haw.
Their little houses brood
and lower the greasy hood
of thatch over their windows.

A wretched hen clucks, lost
under the eaves, an
old woman's ghost,
returned to complain.

Indoors, other spotted beasts—
blue, battered old people squat
grunting aloud from time to time
so they won't sink into thought.

For there is much to think about
when you are too old for the hoe.
Pipesmoke is a fine, soft care,
cotton yarn for cracked fingers to hold.

What good are old folks? They drop
the spoon, drool, have to be fed.
Trying to feed the pigs
they stumble and spill the slops.

The farm is soft, the pigsty warm.
Twilight hangs there from a star.
Heaven is hard. A titmouse hobbles
on a twig, and twitters out a cry.

FAVÁGÓ

Vágom a fát hűvös halomba,
fényesül a görcse sikongva,
zúzmara hull szárnyas hajamra,
csiklándani benyúl nyakamba –
bársonyon futnak perceim.

Fönn, fönn a fagy baltája villog,
szikrádzik föld, ég, szem, a homlok,
hajnal suhint, forgács-fény röppen –
amott is vág egy s dörmög közben:
tövit töröm s a gallya jut.

– Ejh, döntsd a tőkét, ne siránkozz,
ne szisszenj minden kis szilánkhoz!
Ha odasujtsz körül a sorshoz,
az úri pusztaság rikoltoz –
a széles fejsze mosolyog.

[1929]

WOODCUTTER

I chop the wood into a cool pile,
screeching knots and gnarls all shine,
hoarfrost falls on my flying hair,
and down my neck to tickle there—
    my minutes glide by like velvet.

Winter's axe glitters on high,
flashing on earth, sky, forehead, eye.
Dawn lashes out, splinters of light fly,
another cutter grumbles nearby,
    "I cut the trunk and get the twigs."

Oh, strike at the roots instead of wailing,
don't wince at splinters, stop quailing!
If you aim your blows at fate
the lordly wasteland will hate
    you, but your broad axe will smile.

NYÁR

Aranyos lapály, gólyahír,
áramló könnyűségű rét.
Ezüst derűvel ráz a nyír
egy szellőcskét és leng az ég.

Jön a darázs, jön, megszagol,
dörmög s a vadrózsára száll.
A mérges rózsa meghajol –
vörös, de karcsú még a nyár.

Ám egyre több lágy buggyanás.
Vérbő eper a homokon,
bóbiskol, zizzen a kalász.
Vihar gubbaszt a lombokon.

Ily gyorsan betelik nyaram!
Ördögszekéren jár a szél –
csattan a menny és megvillan
elvtársaim: a kaszaél.

[1930]

SUMMER

Golden plain, marigold,
streamlined, weightless fields.
A small breeze shakes silver cheer
from a birch. The sky sways.

Here comes a bee, comes to sniff me,
bumbling, it lands on the wild rose.
The angry rose kowtows—
this crimson summer's still young.

More and more soft stirrings.
Blood-red berries on the sand.
Ears of wheat nodding and rustling.
A storm is perched above the land.

My summer's end is here so fast!
The wind rides wheeling tumbleweed—
and my comrades, as the heavens crash,
I see the flash of the first scythe blade.

BÁNAT

Futtam, mint a szarvasok,
lágy bánat a szememben.
Famardosó farkasok
űznek vala szivemben.

Agancsom rég elhagyám,
törötten ing az ágon.
Szarvas voltam hajdanán,
farkas leszek, azt bánom.

Farkas leszek, takaros.
Varázs-üttön megállok,
ordas társam mind habos;
mosolyogni próbálok.

S ünőszóra fülelek.
Hunyom szemem álomra,
setét eperlevelek
hullanak a vállamra.

[1930]

GRIEF

I fled like the deer,
tender grief in my eyes.
Tree-gnawing wolves
were chasing in my heart.

I lost my antlers way back,
they swing on a branch, broken.
Although I was a deer, alack,
now I'll be a wolf, heartbroken.

I'll make a neat little wolf.
At a magic stroke, I'll stop—
my howling fellows foaming at the mouth—
and try to smile, if I still know how.

Straining my ears for a doe's cry
I will close my eyes in sleep.
Dark mulberry leaves will fall
and cover my shoulders in a heap.

ANYÁM

A bögrét két kezébe fogta,
úgy estefelé egy vasárnap
csöndesen elmosolyodott
s ült egy kicsit a félhomályban –

Kis lábaskában hazahozta
kegyelmeséktől vacsoráját,
lefeküdtünk és eltünődtem,
hogy ők egész fazékkal esznek –

Anyám volt, apró, korán meghalt,
mert a mosónők korán halnak,
a cipeléstől reszket lábuk
és fejük fáj a vasalástól –

S mert hegyvidéknek ott a szennyes!
Idegnyugtató felhőjáték
a gőz s levegőváltozásul
a mosónőnek ott a padlás –

Látom, megáll a vasalóval.
Törékeny termetét a tőke
megtörte, mindig keskenyebb lett –
gondoljátok meg, proletárok –

A mosástól kicsit meggörnyedt,
én nem tudtam, hogy ifjú asszony,
álmában tiszta kötényt hordott,
a postás olyankor köszönt néki.

[1931]

MOTHER

She held the mug with both hands
one Sunday, and with a quiet smile
she sat a little while
in the growing dusk.

In a small saucepan she brought home her
dinner from the rich folks where she worked.
Going to bed, I kept thinking
that some folks eat a whole potful.

My mother was a small woman,
she died early, like most washerwomen:
their legs tremble from lugging the hamper,
their heads ache from ironing.

For mountains, they have those piles of laundry.
Their cloudscapes are made of steam.
And for a change of climate,
there's the attic stairs to climb.

I see her pausing with the iron.
Her frail body, grown thinner and thinner,
was at last broken by Capital.
Think about this, my fellow have-nots.

She was so stooped from all that laundry
I did not realize she was still a young woman.
In her dreams she wore a clean apron,
and the mailman would say hello to her.

HOLT VIDÉK

Füstöl a víz, lóg a káka
kókkadón a pusztaságba.
Dunnába bútt fönn a magas.
Sűrű csönd ropog a havas
        mezőben.

Kövér homály, zsíros, csendes;
lapos lapály, kerek, rendes.
Csak egy ladik, mely hallhatón
kotyog még a kásás tavon
        magában.

Jeges ágak között zörgő
időt vajudik az erdő.
Csattogó fagy itt lel mohát
s ideköti csontos lovát
        pihenni.

És a szőlő. Közbül szilva.
A tőkéken nyirkos szalma.
Sorakozó sovány karók,
öreg parasztoknak valók
        járkálni.

Tanya, – körülötte körbe
fordul e táj. A tél körme
oldaláról egy keveset
repesztgeti még a meszet;
        eljátszik.

Az ól ajtaja kitárva.
Lóg, nyikorog, szél babrálja.
Hátha betéved egy malac
s kukoricatábla szalad
        csövestül!

74

WASTELAND

Water smokes, withered sedge
droops at the plain's edge.
The heights are clad in feathery puffs.
A thick silence huffs
    in the fields.

Fat dusk spreads greasily around
the flat, sparse lowland without a sound.
Only a rowboat may be heard
clucking to itself on a freezing pond
    in monotone.

In labor, the forest's icy branches clatter
giving birth to this season that rattles.
This is where frost snaps and finds moss
and ties up its bony horse
    let him rest.

In the vineyards, scattered plum trees.
Vinestocks wear soggy straw against the freeze.
Row upon row of skinny stakes
such as old peasants would take
    for a walk.

And the farmhouse, around which this landscape
revolves. Winter's claws scrape,
playfully, some more plaster
from its walls that fester,
    crumbling.

The pigsty's gate is wide open, creaking.
It hangs loose, the wind's plaything.
Perhaps a lost pig will wander inside
or a whole cornfield come running here to hide,
    full of corn!

Kis szobában kis parasztok.
Egy pipázik, de harasztot.
Ezeken nem segít ima.
Gondolkodva ülnek im a
sötétben.

Uraságnak fagy a szőlő.
Neki durrog az az erdő.
Övé a tó s a jég alatt
neki bujnak a jó halak
iszapba.

[1932]

Small peasants in a small room.
One of them smokes, but only dry leaves.
No prayer is going to help these.
They just sit in the gloom,
    full of thought.

The freezing vineyard is the landlord's.
His are the forest's trees, in hordes.
The pond is his, and the ice,
and every fat fish that lies
    in the mud.

FAGY

Töprengett ősszel szilajon,
havazna gondolkodva most
s kemény fagy tiszta ablakán
dobol az ingerült idő.

Bankárok és tábornokok
ideje ez, jelen idő,
ez a kovácsolt hideg,
e villanó, e kés-idő.

A csördülő ég vasban áll.
Ez a fagy átszúr, döf tüdőt,
rongy mögött meztelen kebelt –
köszörün sikoltó idő.

Mögötte mennyi hallgatag
hideg kenyér és pléhdoboz,
megdermedt dolgok halmaza –
kirakat-üvege-idő.

És kiáltoznak: „Hol a kő,
hol az a deres vasdarab?
Vágd bele! Zúzd be! Lépj belé!..."
– Milyen idő – milyen idő –

[1932]

FROST

Autumn was wild and brooding.
Pensive snow would like to fall now.
But the season is impatient, drumming
on hard frost's clear window.

Now is the season of bankers and generals,
this present time,
this hammer-hardened cold,
this flashing, this knife time.

Steel clanks in the armored sky.
This frost pierces through lung, stabs
the naked breast under the rags—
O screeching grinding-wheel time!

Behind it, so many silent, cold
tin cans and bread loaves,
piles of frozen goods!
O season of shop windows.

And people shout, "Pass
that stone! Gimme that lead pipe!
Kill! Stomp! Smash!"
O what a time, what a time—

KÜLVÁROSI ÉJ

A mellékudvarból a fény
hálóját lassan emeli,
mint gödör a víz fenekén,
konyhánk már homállyal teli.

Csönd, – lomhán szinte lábrakap
s mászik a súroló kefe;
fölötte egy kis faldarab
azon tünődik, hulljon-e.

S olajos rongyokban az égen
megáll, sóhajt az éj;
leül a város szélinél.
Megindul ingón át a téren;
egy kevés holdat gyújt, hogy égjen.

Mint az omladék, úgy állnak
a gyárak,
de még
készül bennük a tömörebb sötét,
a csönd talapzata.

S a szövőgyárak ablakán
kötegbe száll
a holdsugár,
a hold lágy fénye a fonál
a bordás szövőszékeken
s reggelig, míg a munka áll,
a gépek mogorván szövik
szövőnők omló álmait.

S odébb, mint boltos temető,
vasgyár, cementgyár, csavargyár.
Visszhangzó családi kripták.
A komor föltámadás titkát
őrzik ezek az üzemek.
Egy macska kotor a palánkon

NIGHT IN THE SLUMS

Daylight slowly draws
its net up from our yard
and like a hole in the bottom of a pool
our kitchen is filled by the dark.

Silence. A sluggish scrubbing brush
almost manages to crawl.
Above, a sliver of plaster
ponders whether it should fall.

And night, wrapped up in oily rags,
stoops and sighs in the sky,
sits down by the city's outskirts,
staggers across a square in fits and starts,
uncovers a bit of moon for a light.

The factories
stand like ruins,
but inside
a thicker darkness is laid down,
the foundation of silence.

Through windows of textile plants
moonlight descends
in sheaves.
The moon's soft light is the yarn
woven by ribbed looms.
Until dawn, when work begins again,
machines sullenly weave
factory girls' cascading dreams.

Nearby, graveyard arcades:
steel mills, cement works, powerplants.
So many echoing family crypts.
These factories guard the secret
of a mournful resurrection.
A cat scratches the planks of a fence

s a babonás éjjeli őr
lidércet lát, gyors fényjelet, –
a bogárhátú dinamók
hűvösen fénylenek.

Vonatfütty.

Nedvesség motoz a homályban,
a földre ledőlt fa lombjában
s megnehezíti
az út porát.

Az úton rendőr, motyogó munkás.
Röpcédulákkal egy-egy elvtárs
iramlik át.
Kutyaként szimatol előre
és mint a macska, fülel hátra;
kerülő útja minden lámpa.

Romlott fényt hány a korcsma szája,
tócsát okádik ablaka;
benn fuldokolva leng a lámpa,
napszámos virraszt egymaga.
Szundít a korcsmáros, szuszog,
ő nekivicsorít a falnak,
búja lépcsőkön fölbuzog,
sír. Élteti a forradalmat.

Akár a hült érc, merevek
a csattogó vizek.
Kóbor kutyaként jár a szél,
nagy, lógó nyelve vizet ér
és nyeli a vizet.
Szalmazsákok, mint tutajok,
úsznak némán az éjjel árján –

A raktár megfeneklett bárka,
az öntőműhely vasladik
s piros kisdedet álmodik
a vasöntő az ércformákba.

and the superstitious watchman sees
a will-o'-the-wisp, quick flashing lights—
as beetle-backed dynamos
shine cold and bright.

A trainwhistle.

Dampness rummages in the gloom
in the leaves of a fallen tree
and weighs down
the street's dust.

In the alley, a policeman and a mumbling worker.
An occasional comrade carrying handbills
scurries by catlike,
avoiding streetlamps, listening
for noises from behind,
sniffing around like a dog.

The door to a bar vomits foul light,
its window spews out a puddle;
a drowning lamp swings inside,
and while the bartender snores wheezing,
a lone day laborer keeps the wake.
He grits his teeth at the wall.
His grief wells up step by step,
he weeps and salutes the revolution.

Like molten ore that's cooled,
crashing waters solidify.
The wind, stray dog, roams loose,
large tongue hanging out,
reaching the water, lapping it up.
Straw mattresses, like rafts,
silently drift on night's tide.

The warehouse is a grounded ark,
the foundry an iron barge.
The iron caster dreams a red infant
into metal dies.

Minden nedves, minden nehéz.
A nyomor országairól
térképet rajzol a penész.
S amott a kopár réteken
rongyok a rongyos füveken
s papír. Hogy' mászna! Mocorog
s indulni erőtlen...

Nedves, tapadós szeled mása
szennyes lepedők lobogása,
óh éj!
Csüngsz az egen, mint kötelen
foszló perkál s az életen
a bú, óh éj!

Szegények éje! Légy szenem,
füstölögj itt a szívemen,
olvaszd ki bennem a vasat,
álló üllőt, mely nem hasad,
kalapácsot, mely cikkan pengve,
– sikló pengét a győzelemre,
óh éj!

Az éj komoly, az éj nehéz.
Alszom hát én is, testvérek.
Ne üljön lelkünkre szenvedés.
Ne csípje testünket féreg.

[1932]

All is dank, all is so heavy.
Poverty's domains are mapped out
by mildew on the wall.
Out on the barren fields, rags
on the ragged grass, and a scrap
of paper. How it wants to move!
It stirs, but has no strength to fly.

O night
your damp and clinging wind is nothing
but dirty bedsheets fluttering.
O night
you hang from the sky like threadbare linen
on a clothesline, like sorrow dangling in our lives!

O night of the poor, be my fuel,
smolder here in my heart,
smelt from me the iron,
the unbreakable anvil,
the clanging, flashing hammer,
and the sharp blade of victory,
o night.

The night is heavy, this somber night.
Brothers, I am going to sleep.
May our souls be free of torment,
and our bodies free of vermin's bite.

ESŐ

Kaszák villannak az egen,
suhogó rendekben dől a zápor.
Nagy nyalábokban, szélesen
borul a szál, zizeg, aláhull.
És búzaszemekként a cseppek
tetőkön pattognak, peregnek.

Kaszák villognak? Szuronyok.
Golyók kopognak, csörögnek boltok,
futók sortüze vet lobot,
porzik a füst, összeszorított
foggal a föld tömege zendül.
Setét lé bugyog az erekből.

Vagy csak motor zúg? S gép szövi
az aláomló puha kelmét?
S a kínzott talajt befödi,
mint orsózaj a fáradt elmét?...
Ősz anyó, – kerek tükröt vágott.
Mit láttok benne, proletárok?

[1932]

RAIN

Scythes in the sky are flashing,
swaths of rain come tumbling down,
rustling stalks of rain fall crashing
in broad thick sheaves onto the ground.
Like grains of wheat the raindrops
crackle and dance on the rooftops.

Scythes flashing? No, bayonets.
Shopwindows rattle in the rat-tat
of bullets, a tattoo of running feet
shoots up a flame. Their teeth clenched
the masses of the earth arise in revolt.
Dark fluid pours in rivulets.

Or is it only the machine's roar
as it weaves the supple, soft fabric?
To blanket the tortured land the way
humming spindles lull the tired brain?
Old mother autumn brought us a round mirror:
what do you see in it, proletarians?

E világon ha ütsz tanyát,
hétszer szűljön meg az anyád!
Egyszer szűljön égő házban,
egyszer jeges áradásban,
egyszer bolondok házában,
egyszer hajló, szép búzában,
egyszer kongó kolostorban,
egyszer disznók közt az ólban.
Fölsír a hat, de mire mégy?
A hetedik te magad légy!

Ellenség ha elődbe áll,
hét legyen, kit előtalál.
Egy, ki kezdi szabad napját,
egy, ki végzi szolgálatját,
egy, ki népet ingyen oktat,
egy, kit úszni vízbe dobtak,
egy, ki magva erdőségnek,
egy, kit őse bőgve védett,
csellel, gánccsal mind nem elég, –
a hetedik te magad légy!

Szerető után ha járnál,
hét legyen, ki lány után jár.
Egy, ki szívet ad szaváért,
egy, ki megfizet magáért,
egy, ki a merengőt adja,
egy, ki a szoknyát kutatja,
egy, ki tudja, hol a kapocs,
egy, ki kendőcskére tapos, –
dongják körül, mint húst a légy!
A hetedik te magad légy.

THE SEVENTH

If you set foot on this earth,
you must go through seven births.
Once, in a house that's burning,
once, among ice floes churning,
once, amidst madmen raving,
once, in a field of wheat swaying,
once, in a cloister, bells ringing,
once, in a pigsty a-squealing.
Six babes crying, not enough, son.
Let yourself be the seventh one!

If foes confront you, that is when
your enemies must see seven men.
One, who is off on holiday,
one, who goes to work on Monday,
one, who teaches for free, on a whim,
one, who has learned to sink or swim,
one, who will seed a whole forest,
one, whom wild forefathers protect.
But all their tricks are not enough, son.
Let yourself be the seventh one!

If you want to find a lover,
let seven men go look for her.
One, whose words contain his heart,
one, who can pay his part,
one, pretending to be a dreamer,
one, who will be a skirt-peeler,
one, who knows the snaps and hooks,
one, who can put down his foot—
buzz like flies around her, son.
And you yourself be the seventh one.

Ha költenél s van rá költség,
azt a verset heten költsék.
Egy, ki márványból rak falut,
egy, ki mikor szűlték, aludt,
egy, ki eget mér és bólint,
egy, kit a szó nevén szólít,
egy, ki lelkét üti nyélbe,
egy, ki patkányt boncol élve.
Kettő vitéz és tudós négy, –
a hetedik te magad légy.

S ha mindez volt, ahogy írva,
hét emberként szállj a sírba,
egy, kit tejes kebel ringat,
egy, ki kemény mell után kap,
egy, ki elvet üres edényt,
egy, ki győzni segít szegényt,
egy, ki dolgozik bomolva,
egy, aki csak néz a Holdra;
Világ sírköve alatt mégy!
A hetedik te magad légy!

[1932]

Be a poet if you can afford it,
but let seven men make up one poet.
One, a marble-village builder,
one, who was born a sleeper,
one, an adept sky-charter,
one, whom words befriend and favor,
one, who is his own soul-maker,
and one who dissects a rat's liver.
Two are brave and four are wise, son—
let yourself be the seventh one.

And if all went as was written,
you will be buried as seven men.
One, nursed on a soft milky breast,
one, who likes tough titties best,
one, who flips empty plates in the bin,
one, who helps the poor to win,
one, who labors, falling apart,
one, who stares at the Moon all night.
The world will be your tombstone, son:
if you yourself are the seventh one.

HÁLÓ

Hull a hajam, nincs kenyerem,
tollam vásik,
halász bátyám így veszett el.
Él így más is.

Idegeim elmerítem,
mint a hálót,
húst fogni s a nehéz vizen
könnyű álmot.

Szakadt lehet – gondolkozom, –
az én hálóm.
Kiaggatom, megfoltozom.
S íme, látom –

Kiterített fagyos hálóm
az ég, ragyog –
jeges bogai szikrázón
a csillagok.

[1932]

THE NET

My hair falls out, I have no bread,
    my pen is worn,
my uncle the fisherman is dead.
    But I'm not alone.

I drag the network of my nerves
    my fishing net,
in heavy waters to catch light dreams
    and daily bread.

It must be torn, I think,
    my poor net.
So I hang it up to mend it,
    and see that

spread out, my frozen net
    is the bright firmament—
its icy knots with stars
    resplendent.

EGY KISGYEREK SÍR

A sötét szoba sarkában zokog
egy tehetetlen, guggoló gyerek.
Sír, mint a cipő alatt a homok.
Vergődik, mint a nehéz tengerek.

Könnyes, miként északra nyíló völgy.
Könnyes, mint könnyes a szem ürege.
Könnyes, miként a kő alatt a föld.
Könnyes, miként az ablak üvege.

Sír, mint ahogy a vízben sír a mész.
Sír, mint a víz sír a fedő alatt.
Sír, mint a holt fa, melyet tűz emészt.
Sír, mint csarnokban a futószalag.

Melybe az ember, állat és növény
belehelt minden élő meleget
s jegesen porlik sziklák peremén –
sír, mint a szél az Érchegység felett.

Sikolt, mint ölben újév malaca.
Sikolt, mint kés-él, ha köszörülik.
Sikolt, mint rozs, ha szeli a kasza.
A tepsiben a hús nyöszörög így.

... Mint könyvelő, ki csendben hazatér,
ruháját rendben székére teszi,
ágy szélén mereng, morog, útrakél –
puffannak apró, gyors lépései –

egy síkra, havat kóstolva üget
a zöld holdfényben, merev éjszakán,
kotor, vakog, nyalná a sós eget, –
így vonít ő; a pusztán a magány...

A CHILD IS CRYING

In a dark corner of the room
cries a helpless, crouching child.
He cries like sand under a boot.
He thrashes, like a heavy tide.

He is tearful as a northern vale.
He is tearful as a tear-filled eye.
Tearful, as the soil under a stone.
Tearful, as the windowpane.

He cries, as quicklime cries in water.
Cries, like water boiling in a pot.
Cries, like dead wood in the fire.
Cries, like factory assembly lines.

Cries, like the wind
carrying the living warmth
of people, plants, animals
to polar cliffs, blowing icy dust.

Screams, like New Year's pig, afraid.
Screams, like the knife being honed.
Screams, like rye cut by the blade.
Meat screams like this when it is baked.

...Like an office drudge who quietly goes home,
folds up his clothes and lays them down,
lies on his bed dreaming and growls,
slips away with quick, small footfalls

and trots out to the plain in green moonglow,
in the frozen night he tastes the snow,
yelps and scrapes, would lick the sky's salt—
howling alone in the wasteland...

Vinnyog, mint hántott kukoricacső.
Vinnyog, mint szalma az alvó alatt.
Vinnyog, mint hülye, kit nyom az idő.
Vinnyog, mint eb, mely ostorba harap.

A sötét szoba sarkában zokog
egy tehetetlen, guggoló gyerek.
Szaporáz, mint a könnyű mótorok,
ellustul, mint a nehéz tengerek.

[1933]

Whimpers, like corn being husked.
Whimpers, like straw by a sleeper crushed.
Whimpers, like an idiot oppressed by time.
Whimpers, like a dog whipped into line.

In a dark corner of the room
cries a helpless, crouching child.
Like a motor, he idles high,
then slows down, like a heavy tide.

TÉLI ÉJSZAKA

Légy fegyelmezett!
A nyár
ellobbant már.
A széles, szenes göröngyök felett
egy kevés könnyű hamu remeg.
Csendes vidék.
A lég
finom üvegét
megkarcolja pár hegyes cserjeág.
Szép embertelenség. Csak egy kis darab
vékony ezüstrongy – valami szalag –
csüng keményen a bokor oldalán,
mert annyi mosoly, ölelés fönnakad
a világ ág-bogán.

A távolban a bütykös vén hegyek,
mint elnehezült kezek,
meg-megrebbenve tartogatják
az alkonyi tüzet,
a párolgó tanyát,
völgy kerek csöndjét, pihegő mohát.

Hazatér a földmíves. Nehéz,
minden tagja a földre néz.
Cammog vállán a megrepedt kapa
vérzik a nyele, vérzik a vasa.
Mintha a létből ballagna haza
egyre nehezebb tagjaival,
egyre nehezebb szerszámaival.

Már fölszáll az éj, mint kéményből a füst,
szikrázó csillagaival.

A kék, vas éjszakát már hozza hömpölyögve
lassúdad harangkondulás.
És mintha a szív örökről-örökre
állna s valami más,

98

WINTER NIGHT

Be disciplined!

Summer's flame
has blown out.
Above the broad charred lumps it covers
a fine light ash stirs and hovers.
A place of silence,
this air,
this fine crystal atmosphere
scraped only by a sharp twig or two.
A lovely people-lessness. Only a shred
of tinselly scrap—some ribbon or rag—
clings fiercely to a bush,
for all the smiles and hugs snagged
in this thornful world.

In the distance, knobby old hills stand
ponderous, like tired hands,
shifting at times to guard
the sunset's flame,
the steaming farmhouse,
the vale's round silence, the breathing moss.

A farm worker heads home, weighed down,
each heavy limb earthbound.
The cracked hoe on his shoulder rambles
along, shaft and blade a bloody shambles.
As if returning home, leaving life itself,
his body and tools both prove
heavier with each move.

Night flies up scattering stars,
like smoke from a chimney belching sparks.

This blue and iron night comes floating
on the stately waves of bells tolling.
Feels like my heart's stopped, forever still,
and what throbs, with bated breath,

talán a táj lüktetne, nem az elmulás.
Mintha a téli éj, a téli ég, a téli érc
volna harang
s nyelve a föld, a kovácsolt föld, a lengő nehéz.
S a szív a hang.

Csengés emléke száll. Az elme hallja:
Üllőt csapott a tél, hogy megvasalja
a pántos égbolt lógó ajtaját,
amelyen a gyümölcs, a búza, fény és szalma,
csak dőlt a nyáron át.

Tündöklik, mint a gondolat maga,
a téli éjszaka.

Ezüst sötétség némasága
holdat lakatol a világra.

A hideg űrön holló repül át
s a csönd kihűl. Hallod-e, csont, a csöndet?
Összekoccannak a molekulák.

Milyen vitrinben csillognak
ily téli éjszakák?

A fagyra tőrt emel az ág
s a pusztaság
fekete sóhaja lebben –
varjúcsapat ing-leng a ködben.

Téli éjszaka. Benne,
mint külön kis téli éj,
egy tehervonat a síkságra ér.
Füstjében, tengve
egy ölnyi végtelenbe,
keringenek, kihúnynak csillagok.

A teherkocsik fagyos tetején,
mint kis egérke, surran át a fény,
a téli éjszaka fénye.

100

is perhaps the land itself, not death.
As if the winter night, winter sky, winter ore
created a bell,
its clapper the hammered earth, the swaying core—,
and my heart sounding its knell.

Clangor's echo floats, heard by the mind.
Winter struck the anvil: iron to bind
the heavenly vault's dangling gate,
that poured all that fruit, light, wheat, hay
while summer held sway.

Like thought itself, the winter night
is bright.

This muteness, this silvery dark
makes the moon the world's padlock.

The raven flies, silence grows cool
across cold space. Bone, can you hear the silence?
Molecule clinks against molecule.

In what showcase shine lights
such as this winter night's?

Frost sticks daggers in twiggy hands
and the wasteland's
black sigh soughs—
drifting in fog, a flock of crows.

In this winter night a freight
train—itself a small winter night—
streaks out onto the plain.
Its smoke ready to extinguish,
in an armspan infinity
the stars that revolve and languish.

On the frozen tops of boxcars
scurrying like a mouse, light flies,
the light of this winter night.

A városok fölött
a tél még gőzölög.
De villogó vágányokon,
városba fut a kék fagyon
a sárga éjszaka fénye.

A városban felüti műhelyét,
gyártja a kínok szúró fegyverét
a merev éjszaka fénye.

A város peremén,
mint lucskos szalma, hull a lámpafény,
kissé odább
a sarkon reszket egy zörgő kabát,
egy ember, üldögél,
összehúzódik, mint a föld, hiába,
rálép a lábára a tél...

Hol a homályból előhajol
egy rozsdalevelű fa,
mérem a téli éjszakát.
Mint birtokát
a tulajdonosa.

[1933]

Above cities, up high
winter still steams up the sky.
But on the flashing track
blue frost brings racing back
the light of this jaundiced night.

In city workshops is where it's made,
mass-produced pain's cold steel blade,
by the light of this frigid night.

On ⟶ skirts of town
ir⟶ like wet straw flung down,

ering coatful of woes:
like a pile of dirt,
s toes...

i tree
rk,

li⟶
his p⟶
I measu⟶ the winter night.

REMÉNYTELENÜL

LASSAN, TÜNŐDVE

Az ember végül homokos
szomorú, vizes síkra ér,
szétnéz merengve és okos
fejével biccent, nem remél.

Én is így próbálok csalás
nélkül szétnézni könnyedén.
Ezüstös fejszesuhanás
játszik a nyárfa levelén.

A semmi ágán ül szivem,
kis teste hangtalan vacog,
köréje gyűlnek szeliden
s nézik, nézik a csillagok.

VAS-SZÍNŰ ÉGBOLTBAN...

Vas-színű égboltban forog
a lakkos, hűvös dinamó.
Óh, zajtalan csillagzatok!
Szikrát vet fogam közt a szó –

Bennem a mult hull, mint a kő
az űrön által hangtalan.
Elleng a néma, kék idő.
Kard éle csillan: a hajam –

Bajszom mint telt hernyó terül
elillant ízű számra szét.
Fáj a szívem, a szó kihül.
Dehát kinek is szólanék –

[1933]

WITHOUT HOPE

SLOWLY, MEDITATIVELY

In the end you reach the sand
on a sad, marshy plain
where in a reverie you look around
and nod, never to hope again.

I try to see things that way:
straight and sans souci,
while silvery axe strokes play
with the leaves of the ash tree.

My heart is perched on a branch of nothing,
its tiny form trembles without a sound,
and the stars gently gather
to stare at it from all around.

IN AN IRON-COLORED SKY

A cold and shiny dynamo revolves
in an iron-colored sky.
O noiseless constellations!
From my teeth, word-sparks fly—

Inside me the past is falling
like a silent stone through space.
This mute blue time flutters away.
The swordblade flashing is my hair—

My mustache, fat caterpillar, droops
over my mouth, whose taste is gone.
My heart aches, words grow cold.
But who is there to hear me out—

SÁRGA FÜVEK

Sárga füvek a homokon,
csontos öreg nő ez a szél,
a tócsa ideges barom,
a tenger nyugodt, elbeszél.

Dúdolom halk leltáromat.
Hazám az eladott kabát,
buckákra omlott alkonyat,
nincs szívem folytatni tovább.

Csillan a nyüzsgő idő
korállszirtje, a holt világ,
a nyírfa, a bérház, a nő
az áramló kék égen át.

[1933]

YELLOW GRASSES

Yellow grasses on the sand,
the wind is a gaunt old woman,
the puddle a nervous beast,
the sea is calm and tells a tale.

I hum my inventory's gentle tune.
A pawned overcoat is my home,
the sunset crumbling on the dune,
I haven't the heart to go on.

They shine, time's teeming
coral reef, the dead world,
birch tree, woman, tenement—
across the sky's blue whirl.

A VÁROS PEREMÉN

A város peremén, ahol élek,
beomló alkonyokon
mint pici denevérek, puha
szárnyakon száll a korom,
s lerakódik, mint a guanó,
keményen, vastagon.

Lelkünkre így ül ez a kor.
És mint nehéz esők
vastag rongyai mosogatják
a csorba pléhtetőt –
hiába törli a bú szivünkről
a rákövesedőt.

Moshatja vér is – ilyenek vagyunk.
Uj nép, másfajta raj.
Másként ejtjük a szót, fejünkön
másként tapad a haj.
Nem isten, nem is az ész, hanem
a szén, vas és olaj,

a való anyag teremtett minket
e szörnyű társadalom
öntőformáiba löttyintve
forrón és szilajon,
hogy helyt álljunk az emberiségért
az örök talajon.

Papok, katonák, polgárok után
így lettünk végre mi hű
meghallói a törvényeknek;
minden emberi mű
értelme ezért búg mibennünk,
mint a mélyhegedű.

ON THE CITY'S EDGE

On the city's edge where I live,
when sunset comes caving in,
like so many tiny bats
soot floats down on soft wings
settling into a crust of guano,
a hard and thick skin.

That is how this present age squats
on our souls. And like a dense ragged
downpour washing, rub-a-dub,
a jagged tin roof's sides—
grief attempts in vain to scrub
the grime encrusted on our hearts.

It might take a bloodbath, the way we're made.
We are another type, a new breed.
We speak a new language, even our hair
hugs our heads in a different style.
We were created, not by god, or reason
but by oil, coal and iron,

the actual materials we're made of,
splashed hot and furious
into the moulds of this monstrous
misshapen form of society
so that we may stand up for all humanity
on this eternal soil.

After the priest, soldier and burgher
now it is our turn at last
to be the upholder of the laws;
and so the sense of all human works
resonates in us
like so many resounding violas.

Elpusztíthatatlant annyian,
mióta kialakult
naprendszerünk, nem pusztítottak
eddig, bár sok a mult:
szállásainkon éhinség, fegyver,
vakhit és kolera dúlt.

Győzni fogó még annyira
meg nem aláztatott,
amennyire a csillagok alatt
ti megaláztatok:
a földre sütöttük szemünk. Kinyílt
a földbe zárt titok.

Csak nézzétek, a drága jószág
hogy elvadult, a gép!
Törékeny falvak reccsennek össze,
mint tócsán gyönge jég,
városok vakolata omlik,
ha szökken; s döng az ég.

Ki inti le? – talán a földesúr? –
a juhász vad ebét?
Gyermekkora gyermekkorunk. Velünk
nevelkedett a gép.
Kezes állat. No, szóljatok rá!
Mi tudjuk a nevét.

És látjuk már, hogy nemsoká
mind térdre omlotok
s imádkoztok hozzá, ki pusztán
a tulajdonotok.
De ő csak ahhoz húz, ki néki
enni maga adott...

Ím itt vagyunk, gyanakvón s együtt,
az anyag gyermekei.
Emeljétek föl szívünket! Azé,
aki fölemeli.
Ilyen erős csak az lehet,
ki velünk van teli.

We are indestructible, although
since the solar system began to jell,
in history's long procession
in untold numbers we fell,
killed by weapons and starvation,
disease and hatred's hell.

No destined winner has ever
been humiliated as much as we
were humiliated here
under the stars:
so we cast down our eyes. And found
the secret buried underground.

Behold the dearest props of this age,
see the machines go on a rampage!
Fragile villages snap and crumble
as a puddle's skin of ice—
cities fall when machines rumble
and pound the skies.

Who will control them? Can the landlord
make the shepherd's fierce dog obey?
The machine's childhood, and ours, was the same.
We grew up together, we know its ways.
For us, the beast will act tame.
It will listen to those who know its name.

We know that before long
all of you will be on your knees
worshipping machines,
things you merely own.
But machines have their own way,
the one who feeds them is the one they obey...

So here we are, distrustful, gathered
together, the children of matter.
Lift up our hearts! For they belong
to the benefactor.
But to be strong enough for that
one must be made of our matter.

Föl a szívvel, az üzemek fölé!
Ily kormos, nagy szivet
az látott-hallott, ki napot látott
füstjében fulladni meg,
ki lüktetését hallotta a föld
sok tárnás mélyeinek!

Föl, föl!... E fölosztott föld körül
sír, szédül és dülöng
a léckerítés leheletünktől,
mint ha vihar dühöng.
Fujjunk rá! Föl a szívvel,
füstöljön odafönt!

Míg megvilágosúl gyönyörű
képességünk, a rend,
mellyel az elme tudomásul veszi
a véges végtelent,
a termelési erőket odakint s az
ösztönöket idebent...

A város peremén sivít e dal.
A költő, a rokon,
nézi, csak nézi, hull, csak hull a
kövér, puha korom,
s lerakódik, mint a guanó,
keményen, vastagon.

A költő – ajkán csörömpöl a szó,
de ő (az adott világ
varázsainak mérnöke)
tudatos jövőbe lát
s megszerkeszti magában, mint ti
majd kint, a harmóniát.

[1933]

112

Lift up these hearts, high above factories!
Such a sooty great heart
is known only to those who saw the sun
set in factory smoke and drown,
who heard the throbbing mineshafts,
in the pit, deep underground.

Arise! ... Around this parceled-out land
the plank fence cries, and stands
staggering as in a raging storm,
to crash when our breath's expelled.
Let's blow it away! Lift up your heart,
let it smoke overhead!

When our finest potential's realized—
order shining bright—
then the mind can at last grasp
both the endless and the finite:
the forces of production outside,
and the instincts, here, inside...

On the city's edge my song is shrill.
The poet, your next of kin,
can only look on, and watch
the fat and soft soot fall and begin
settling into a crust of guano,
a hard and thick skin.

The poet's mouth stutters the word,
but he (as engineer
of magic in this world)
can see a fully conscious future
and plans, inside, what you will build—
the design of harmony he'd glimpsed.

ELÉGIA

Mint ólmos ég alatt lecsapódva, telten,
füst száll a szomorú táj felett,
úgy leng a lelkem,
alacsonyan.
Leng, nem suhan.

Te kemény lélek, te lágy képzelet!
A valóság nehéz nyomait követve
önnönmagadra, eredetedre
tekints alá itt!

Itt, hol a máskor oly híg ég alatt
szikárló tűzfalak
magányán a nyomor egykedvű csendje
fenyegetően és esengve
föloldja a tömény
bánatot a tűnődők szivén
s elkeveri
milliókéval.

Az egész emberi
világ itt készül. Itt minden csupa rom.
Ernyőt nyit a kemény kutyatej
az elhagyott gyárudvaron.
Töredezett, apró ablakok
fakó lépcsein szállnak a napok
alá, a nyirkos homályba.
Felelj –
innen vagy?
Innen-e, hogy el soha nem hagy
a komor vágyakozás,
hogy olyan légy, mint a többi nyomorult,
kikbe e nagy kor beleszorult
s arcukon eltorzul minden vonás?

ELEGY

Like a dense downdrift of smoke
between sad land and leaden sky
my soul swings low,
close to the ground.
It stirs, but cannot fly.

O heavy soul, supple imagination!
Follow reality's ponderous tread,
take a look at yourself
here, where you originated.

Here, under a sky at other times so pale,
near a solitary wall, gaunt and bare,
poverty's sullen silence,
menacing, pleading,
dissolves the grief
hardened on the brooding heart
and stirs it
into those of millions.

The whole man-made world
is created here, where all is in ruin.
In the abandoned factory yard
a hardy dandelion opens a parasol.
The days go down
the faded steps of broken little windows
into damp shadows.

Answer now:
are you from here?
Are you from here, never free
of the grim desire to be
like every other miserable creature
on whom this vast age stamped itself,
deforming each face, every feature?

Itt pihensz, itt, hol e falánk
erkölcsi rendet a sánta palánk
rikácsolva
őrzi, óvja.
Magadra ismersz? Itt a lelkek
egy megszerkesztett, szép, szilárd jövőt
oly üresen várnak, mint ahogy a telkek
köröskörül mélán és komorlón
álmodoznak gyors zsibongást szövő
magas házakról. Kínlódó gyepüket
sárba száradt üvegcserepek
nézik fénytelen, merev szemmel.

A buckákról néha gyüszünyi homok
pereg alá... s olykor átcikkan, donog
egy-egy kék, zöld, vagy fekete légy,
melyet az emberi hulladék,
meg a rongy,
rakottabb tájakról idevont.
A maga módján itt is megterít
a kamatra gyötört,
áldott anyaföld.
Egy vaslábasban sárga fű virít.

Tudod-e,
milyen öntudat kopár öröme
húz-vonz, hogy e táj nem enged és
miféle gazdag szenvedés
taszít ide?
Anyjához tér így az a gyermek,
kit idegenben löknek, vernek.
Igazán
csak itt mosolyoghatsz, itt sírhatsz.
Magaddal is csak itt bírhatsz,
óh lélek! Ez a hazám.

[1933]

Here you can rest, where a battered fence
with its shrill posted cries
upholds and tries
to guard a greedy moral order.
Do you recognize yourself? Waiting here
for that fine, well-planned, secure future
are souls with the emptiness of vacant lots
lying around in a mournful daze
dreaming of tall buildings that weave
the busy hum of life. The tortured grass
is watched by dull, fixed eyes:
broken glass set in mud that dries.

From time to time a thimbleful of sand
trickles from a mound. And at times
a green or blue or black fly
buzzes by,
drawn here by human waste and rags
from richer regions.
Sucked dry by Capital and Interest,
blessed mother earth sets
the table even here: in a rusty pot,
yellow grass blooms bright.

Can you tell
what barren joy, what relentless swell
of consciousness pushed-pulled you here,
what rich suffering
tossed you on this shore?
This is how the child, beaten by a stranger
comes running home to his mother.
Only here
can you truly smile or cry.
Only here, no matter how you try,
can you bear yourself, my soul!
This is your home.

ÓDA

1

Itt ülök csillámló sziklafalon.
Az ifju nyár
könnyű szellője, mint egy kedves
vacsora melege, száll.

Szoktatom szívemet a csendhez.
Nem oly nehéz –
idesereglik, ami tovatűnt,
a fej lehajlik és lecsüng
a kéz.

Nézem a hegyek sörényét –
homlokod fényét
villantja minden levél.
Az úton senki, senki,
látom, hogy meglebbenti
szoknyád a szél.
És a törékeny lombok alatt
látom előrebiccenni hajad,
megrezzenni lágy emlőidet és
– amint elfut a Szinva-patak –
ím újra látom, hogy fakad
a kerek fehér köveken,
fogaidon a tündér nevetés.

2

Óh mennyire szeretlek téged,
ki szóra bírtad egyaránt
a szív legmélyebb üregeiben
cseleit szövő, fondor magányt
s a mindenséget.

ODE

1

I sit on a glittering rock.
Young summer's light breeze
floats like the warmth
of a dinner for two.

I am getting my heart used to silence.
It is not very hard to do—
the past comes swarming back
when the head bends down
and the hands hang low.

I look upon the mountain's mane—
each leaf reflects
the light of your face.
The road is empty, empty—
but I can still see
your skirt flutter in the wind.
And under fragile branches
your hair tumbles forward,
your breasts softly sway,
and, as the brook trickles away,
laughter springs again
on the round white pebbles
that are your teeth.

2

O how I love you
who could bring to words
both solitude, that furtive plotter
in the deepest hollows of the heart,
and a whole universe.

Ki mint vízesés önnön robajától,
elválsz tőlem és halkan futsz tova,
míg én, életem csúcsai közt, a távol
közelében, zengem, sikoltom,
verődve földön és égbolton,
hogy szeretlek, te édes mostoha!

3

Szeretlek, mint anyját a gyermek,
mint mélyüket a hallgatag vermek,
szeretlek, mint a fényt a termek,
mint lángot a lélek, test a nyugalmat!
Szeretlek, mint élni szeretnek
halandók, amíg meg nem halnak.

Minden mosolyod, mozdulatod, szavad
őrzöm, mint hulló tárgyakat a föld.
Elmémbe, mint a fémbe a savak,
ösztöneimmel belemartalak,
te kedves, szép alak,
lényed ott minden lényeget kitölt.

A pillanatok zörögve elvonulnak,
de te némán ülsz fülemben.
Csillagok gyúlnak és lehullnak,
de te megálltál szememben.
Ízed, miként a barlangban a csend,
számban kihűlve leng
s a vizes poháron kezed,
rajta a finom erezet,
föl-földereng.

Who, like a waterfall from its own thunder,
part from me and run quietly on,
while I, among the summits of my life,
in the nearness of the far,
resound and scream,
thrashing against earth and sky
my love for you, sweet stepmother!

3

I love you like a child his mother,
like silent caves their depths,
love you like rooms love light,
the soul loves flames, and the body, rest.
I love you as the living
love life until they die.

I save each of your smiles, gestures, words,
the way dropped objects are saved by the earth.
The way acid marks metal with its bite,
I have etched you into the instincts of my mind:
your beautiful, dear form
becomes and fills all meaning.

Minutes march by with a clatter
but you reside in the silence of my ears.
Stars flare up and shatter
but you stand still in my eyes.
Your taste, like silence in a cavern,
lingers cool on my tongue,
and your delicately veined hand,
holding a glass of water,
reappears again and again.

4

Óh, hát miféle anyag vagyok én,
hogy pillantásod metsz és alakít?
Miféle lélek és miféle fény
s ámulatra méltó tünemény,
hogy bejárhatom a semmiség ködén
termékeny tested lankás tájait?

S mint megnyílt értelembe az ige,
alászállhatok rejtelmeibe!...

Vérköreid, miként a rózsabokrok,
reszketnek szüntelen.
Viszik az örök áramot, hogy
orcádon nyíljon ki a szerelem
s méhednek áldott gyümölcse legyen.
Gyomrod érzékeny talaját
a sok gyökerecske át meg át
hímezi, finom fonalát
csomóba szőve, bontva bogját –
hogy nedűid sejtje gyűjtse sok raját
s lombos tüdőd szép cserjéi saját
dicsőségüket susogják!

Az örök anyag boldogan halad
benned a belek alagútjain
és gazdag életet nyer a salak
a buzgó vesék forró kútjain!

Hullámzó dombok emelkednek,
csillagképek rezegnek benned,
tavak mozdulnak, munkálnak gyárak,
sürög millió élő állat,
bogár,
hinár,
a kegyetlenség és a jóság;
nap süt, homályló északi fény borong –
tartalmaidban ott bolyong
az öntudatlan örökkévalóság.

122

4

O what is this stuff I am made of
that your glance can rend and shape?
What soul, what light,
what wondrous magic might
lets me roam in the fog of nothingness
through the rolling hills of your lush body?

And like the word entering the opened mind,
into your mysteries I descend...

Your arteries and veins are rosebushes
that ceaselessly quiver.
They circulate the endless stream
so that upon your face love may bloom,
and blessed fruit grow in your womb.
Your belly's sensitive soil
is embroidered through and through
by a multitude of tiny filaments
weaving their fine thread into knots
raveled and unraveled so that your fluid
cells may gather into flocks
and your leafy lungs' thickets
may whisper their own praise!

Eternal matter moves serenely
down your bowels' dump
and even slag gains a richer life
in your kidneys' hot pump.

In you, undulating hills arise,
constellations tremble,
lakes quiver, factories produce,
a myriad living creatures,
seaweed,
insects whir,
cruelty and goodwill stir,
suns shine, northern lights glimmer—
in your substance resides
eternity, the unconscious.

5

Mint alvadt vérdarabok,
úgy hullnak eléd
ezek a szavak.
A lét dadog,
csak a törvény a tiszta beszéd.
De szorgos szerveim, kik újjászülnek
napról napra, már fölkészülnek,
hogy elnémuljanak.

De addig mind kiált –
Kit kétezer millió embernek
sokaságából kiszemelnek,
te egyetlen, te lágy
bölcső, erős sír, eleven ágy,
fogadj magadba!...

(Milyen magas e hajnali ég!
Seregek csillognak érceiben.
Bántja szemem a nagy fényesség.
El vagyok veszve, azt hiszem.
Hallom, amint fölöttem csattog,
ver a szivem.)

6
(Mellékdal)

(Visz a vonat, megyek utánad,
talán ma még meg is talállak,
talán kihűl e lángoló arc,
talán csendesen meg is szólalsz:

Csobog a langyos víz, fürödj meg!
Ime a kendő, törülközz meg!
Sül a hús, enyhítse étvágyad!
Ahol én fekszem, az az ágyad.)

[1933]

5

Like clotted drops of blood,
these words flutter
at your feet.
Existence stutters,
only the laws speak clearly.
My hard-working organs
that give me new birth each day
are getting ready to grow silent.

Yet until then, they all cry out
to you, the only one
chosen from the multitude
of two thousand million,
o you soft cradle, firm grave,
living bed, take me in! ...

(How high is the dawn sky!
In its ores, whole armies glitter.
The brilliance hurts my eyes.
I am lost, I surrender.
Overhead I can hear
my heartbeat flutter.)

6
(*Envoi*)

(The train takes me in your wake,
I may even reach you today.
Perhaps my burning face will cool,
perhaps you will quietly say,

"Take a bath in the warm water.
Here's a towel, get yourself dry.
Dinner's cooking, to soothe your hunger.
This is your bed, where I lie.")

Tehervonatok tolatnak,
a méla csörömpölés
könnyű bilincseket rak
a néma tájra.

Oly könnyen száll a hold,
mint a fölszabadult.

A megtört kövek
önnön árnyukon fekszenek,
csillognak
maguknak,
úgy a helyükön vannak,
mint még soha.

Milyen óriás éjszaka
szilánkja ez a súlyos éj,
mely úgy hull le reánk,
mint a porra a vasszilánk?

Napszülte vágy!
Ha majd árnyat fogad az ágy,
abban az egész éjben
is ébren
maradnál?

[1933]

[FREIGHT TRAINS...]

Freight trains switching,
their dreamy clanging
claps light handcuffs
on the mute landscape.

The moon flies, as easy
as a prisoner set free.

Crushed stones
lie on their own shadows,
sparkle
for themselves,
they are in place
as never before.

From what vast dark
was this heavy night chipped?
It falls on us
like a chunk of iron on a speck of dust.

Desire, born of the sun,
when the bed is embraced by shadow,
could you stay awake
all through
that night?

NYÁRI DÉLUTÁN

Cseveg az olló. Néne
    nyesi a pázsitot,
s megáll. Hátulról nézve
    is látni, ásitott.

Rádió nyüzsög. Szárnyak
    dongnak az üvegen
s a szellők táncot járnak
    a puha füveken.

Az idő semmit játszik,
    langy tócsa most, megállt.
Hogy elleng, abból látszik,
    hogy remeg a virág.

Én sem tudom már régen,
    alszom? vagy dolgozom?
Megterít feleségem
    szép fehér abroszon.

Az eget is e tájon
    vászonfény lepi el
s csillog, mert üvegtálon
    ül, a földi eper.

Boldog vagyok. A kedves
    mellettem varrogat
s hallgatjuk, amint elmegy
    egy vén tehervonat.

[1934]

Shears chatter. Sister,
 trimming the lawn,
stops. Even from behind
 you can see her yawn.

The radio squirms. Wings
 buzz on the windowpane,
breezes dance and swing
 on the soft lawn.

Time plays at being nothing,
 a warm puddle, it stops.
You can see that it still flies:
 a flower petal drops.

I can't even tell any more:
 am I asleep or writing or both?
My wife sets the table
 with a fine white cloth.

Even the sky is flooded here
 with a white linen glare.
Wild strawberries shine
 in a glass bowl on a chair.

I am happy. My love
 sews by my side.
We listen to an old freight
 train whistle out of sight.

ESZMÉLET

I

Földtől eloldja az eget
a hajnal s tiszta, lágy szavára
a bogarak, a gyerekek
kipörögnek a napvilágra;
a levegőben semmi pára,
a csilló könnyűség lebeg!
Az éjjel rászálltak a fákra,
mint kis lepkék, a levelek.

II

Kék, piros, sárga, összekent
képeket láttam álmaimban
és úgy éreztem, ez a rend –
egy szálló porszem el nem hibbant.
Most homályként száll tagjaimban
álmom s a vas világ a rend.
Nappal hold kél bennem s ha kinn van
az éj – egy nap süt idebent.

III

Sovány vagyok, csak kenyeret
eszem néha, e léha, locska
lelkek közt ingyen keresek
bizonyosabbat, mint a kocka.
Nem dörgölődzik sült lapocka
számhoz s szivemhez kisgyerek –
ügyeskedhet, nem fog a macska
egyszerre kint s bent egeret.

CONSCIOUSNESS

I

Dawn unbinds the sky from the earth
and at its clear soft word
beetles and children
spin forth into the world:
there is no haze in the air,
this bright clarity floats everywhere.
Overnight, they have covered the trees:
like so many small butterflies, the leaves.

II

I saw paintings daubed with red,
yellow and blue in my dreams,
and I felt it was all in order,
not a speck of dust out of place.
Now my dreams seem pale shadows haunting
my limbs; the iron world order returns.
During the day a moon rises within
and inside me at night the sun burns.

III

I am thin, at times I eat only bread.
Among souls that idly chatter and temporize
I search—free and free of charge—
for greater certainty than the fall of dice.
Stuffing myself with roast beef would be nice,
or cuddling a small child to my heart—
but even the trickiest cat can't catch at once
the mouse outside and the one in the house.

IV

Akár egy halom hasított fa,
hever egymáson a világ,
szorítja, nyomja, összefogja
egyik dolog a másikát
s így mindenik determinált.
Csak ami nincs, annak van bokra,
csak ami lesz, az a virág,
ami van, széthull darabokra.

V

A teherpályaudvaron
úgy lapultam a fa tövéhez,
mint egy darab csönd; szürke gyom
ért számhoz, nyers, különös-édes.
Holtan lestem az őrt, mit érez,
s a hallgatag vagónokon
árnyát, mely ráugrott a fényes,
harmatos szénre konokon.

VI

Im itt a szenvedés belül,
ám ott kívül a magyarázat.
Sebed a világ – ég, hevül
s te lelkedet érzed, a lázat.
Rab vagy, amíg a szíved lázad –
úgy szabadulsz, ha kényedül
nem raksz magadnak olyan házat,
melybe háziúr települ.

IV

Just like a pile of split wood
the world lies in a heap;
so does each thing push, uphold, keep
every other thing in place,
so that everything is determined.
Only what is not can become a tree,
only what's yet to come can be a flower.
The things that exist fall into pieces.

V

As a child at the freight station I lay
in wait, flattened against a tree
like a piece of silence. Gray
weeds touched my mouth, raw, strangely sweet.
Dead still, I watched the guard's feet,
his passing shadow on the boxcars
stubbornly kept falling over my prize,
those scattered lumps of coal, dewy and bright.

VI

The anguish is deep inside me, here,
while its explanation lies out there.
My wound is the whole world—it burns;
I feel the fever, my soul, as it churns.
You are enslaved by your rebellious heart,
and will be free only when you will stop
building yourself the kind of apartment
where a landlord moves in to collect rent.

VII

Én fölnéztem az est alól
az egek fogaskerekére –
csilló véletlen szálaiból
törvényt szőtt a mult szövőszéke
és megint fölnéztem az égre
álmaim gőzei alól
s láttam, a törvény szövedéke
mindig fölfeslik valahol.

VIII

Fülelt a csend – egyet ütött.
Fölkereshetnéd ifjúságod;
nyirkos cementfalak között
képzelhetsz egy kis szabadságot –
gondoltam. S hát amint fölállok,
a csillagok, a Göncölök
úgy fénylenek fönt, mint a rácsok
a hallgatag cella fölött.

IX

Hallottam sírni a vasat,
hallottam az esőt nevetni.
Láttam, hogy a mult meghasadt
s csak képzetet lehet feledni;
s hogy nem tudok mást, mint szeretni,
görnyedve terheim alatt –
minek is kell fegyvert veretni
belőled, arany öntudat!

VII

I looked up in the night
at the cogwheels of the stars:
from sparkling threads of chance
the loom of the past wove laws.
Then, in my steaming dream
I looked at the sky again:
somehow the fabric of the law
always had a missing stitch, a flaw.

VIII

Silence listened, the clock struck one.
Why not visit your childhood—
even among cinderblock walls one could
imagine some bit of freedom,
I thought. But when I stood up,
the constellations, the Big Bear
like prison bars, shone up there
above my silent cell.

IX

I have heard iron crying,
I have heard rain laughing.
I have seen the past split apart
and realize only notions can be forgot;
and all I can do is keep loving
while bent double under my burdens.
Why should I forge a swordblade
out of you, golden consciousness!

X

Az meglett ember, akinek
szivében nincs se anyja, apja,
ki tudja, hogy az életet
halálra ráadásul kapja
s mint talált tárgyat visszaadja
bármikor – ezért őrzi meg,
ki nem istene és nem papja
se magának, sem senkinek.

XI

Láttam a boldogságot én,
lágy volt, szőke és másfél mázsa.
Az udvar szigorú gyöpén
imbolygott göndör mosolygása.
Ledőlt a puha, langy tócsába,
hunyorgott, röffent még felém –
ma is látom, mily tétovázva
babrált pihéi közt a fény.

XII

Vasútnál lakom. Erre sok
vonat jön-megy és el-elnézem,
hogy' szállnak fényes ablakok
a lengedező szösz-sötétben.
Így iramlanak örök éjben
kivilágított nappalok
s én állok minden fülke-fényben,
én könyöklök és hallgatok.

[1934]

X

An adult is someone bereft
of father and mother inside his heart,
who knows that life is a free gift,
something extra thrown in on death's part,
and, like a found object, can be returned
any time—therefore, it's to be treasured.
He is nobody's god or priest
—his own self's least.

XI

Once I saw happiness, contentment:
four hundred pounds of rotund pink fat.
Over the harsh grass of the farmyard
its curly smile swayed and tottered.
It plopped down in a puddle, warm and nice,
looked at me, blinked, grunted twice—
I still see the hesitant way
light fumbled in its bristles as it lay.

XII

I live by the railroad tracks
watching the trains go by.
The shining windows fly
in the swaying downy darkness.
This is how in eternal night
the lit-up days speed by
and I stand in the light of each compartment,
leaning on my elbow, silent.

FALU

Mint egy tányér krumplipaprikás,
lassan gőzölög lusta,
langy estében a piros palás,
rakás falucska.

Itt is, ott is karcsú füst – remény –
tünődni, merre szálljon,
áll kicsit a kémény küszöbén
és int a tájon.

Akácocskát babrál a homály.
A fa telt, kicsi keble
beléreszket, csöpp sóhaja száll –
levegő-lepke.

S körülem, míg elfed hallgatag
a lágy borongás bokra,
ugatások némán hullanak
nagy bársonyokra...

... Lámpát gyújtanak az asszonyok.
És erőlködve, rángva,
égbe röppenne, mint elnyomott
lélek, a lángja.

El is lobban mind... Egy fény a rét.
Az anyás hold-világa
elé nyújtja kövér tenyerét
egy bodza-ága.

Örök boldogság forrása mos
egy rekedt, csorba téglát.
Smaragd Buddha-szobrok harmatos
gyepben a békák.

VILLAGE

The small village, this lazy evening,
    with its heap of red tiles
is like a plate of languidly steaming
    stew: potatoes *paprikás*.

Here and there a wisp of smoke—or hope?
    wavers before it escapes,
pausing at chimney's tip, to grope,
    greeting the landscape.

Dusk fondles a slim young locust tree.
    Its small round breast shivers
and sets a diminutive sigh free,
    an air butterfly that quivers.

And I am wrapped in the silent boughs
    of a mellow reverie
so that a dog's distant barking falls
    on mute velvet around me.

Women light the lamps. Flames
    twitch and strain, and would fly
like so many souls in chains
    up, up, into the sky.

They all flicker out...Only one light
    illumines the field,
the motherly moon, so bright
    that a sumac bough offers its shield.

Waves of eternal happiness caress
    a coarse, cracked old brick.
I see emerald Buddhas in the dewy grass
    where toads sit, still and quick.

A vadzab, ki kardot vont elő,
   fejét mélyen lehajtja.
Most a dicsőség és az erő
   a repedt pajta...

... Benne csend van. Mintha valami
   elhangzott volna csengve.
Fontolni lehet, nem hallani.
   Nincs, csak a csendje.

S ahogy földerül az értelem,
   megérti, hogy itt más szó
nem eshetett, mint ami dereng:
   eke és ásó.

Szó, mert velük szólal a paraszt
   napnak, esőnek, földnek.
Szó, mint szóval mondom én el azt
   gondos időnek.

Szó, mint csecsemőnek a mosoly.
   Veregetés a lónak.
Szó. De tiszta értelmű, komoly
   tagja a szónak...

... Hallgatom az álmodó falut.
   Szorongó álmok szállnak;
meg-megrebbentik az elaludt
   árnyú fűszálat.

Alszanak az egek, a mezők.
   Ostorok, csizmák, kések.
Lombok közt a tiszta, tág közök.
   S a levélrések.

Alszanak a nyers, nehéz szavú,
   kiszikkadó parasztok.
Dombocskán, mint szívükön a bú,
   ülök. Virrasztok.

[1934]

Having drawn their swords, now wild oats
    bend their heads, repentant.
And in moonlight the tumbledown barn floats
    power and glory exultant.

...Inside, it's silent. As if some sound
    had only just flown off,
save for its silence, gone,
    unheard, merely thought of.

As knowledge dawns, it gathers here
    the things that do not fade,
the only possible words in the air:
    like plough and spade.

Words, that the farmer says, talking
    to the earth, sun, rain.
Words used by the poet, trusting
    in future times' care.

Words that smile at the suckling babe
    and pat the horse's back.
Words; words with syllables that make
    clear sense, and won't crack...

...I listen to the village dreaming.
    Our troubled visions pass;
they prod and flutter the sleeping
    shadowy blades of grass.

Skies and fields, whips, knives, and boots
    are all sound asleep,
the empty spaces between each bough,
    each and every leaf.

And asleep each raw, slow-spoken
    weathered peasant.
Like grief on their hearts, I sit on
    a small hill, vigilant.

[A KÖVEZETEN...]

A kövezeten kis csatak hunyorgott,
megszállták a várost az árnyak
s a sok veréb, mely fölcsipogva forgott,
némán, erősen markolta az ágat,
mert jobban ragaszkodik, aki alszik,
mint az éber, ki tovaszállni kész,
az emberek, a villamosok, taxik
sürögtek, mint az ösztön meg az ész.

Egy kapu alatt egy lányt csókoltam szájon
s a többi nép közt elvegyültem én,
majd kiváltam, hogy azután kiváljon
sok gondom közül ez a költemény.
Már megformálta lassú tünődésem,
hogy állati búm értelmes, emberi
bánat, amely magát e tündöklésben
hirdetményekben is fölismeri.

[1934]

142

On the pavement a small puddle was blinking
as shadows began to occupy the streets.
In their restless dreams sparrows were chirping
but then silently hung on to their twigs.
The sleeping ones will always cling
harder than the awake, ready to take flight.
People, streetcars, taxis were bustling
just like the instincts and the mind.

I kissed a girl on her mouth in a doorway,
then I mixed in among the crowd again,
only to separate from it once more, so that
this poem could crystallize from life's pain.
At last I see, after long meditation,
my animal sorrow is understandable
human grief that finds its scintillation
even in advertising displays.

ALTATÓ

Lehúnyja kék szemét az ég,
lehúnyja sok szemét a ház,
dunna alatt alszik a rét –
aludj el szépen, kis Balázs.

Lábára lehajtja fejét,
alszik a bogár, a darázs,
vele alszik a zümmögés –
aludj el szépen, kis Balázs.

A villamos is aluszik,
s míg szendereg a robogás.
álmában csönget egy picit –
aludj el szépen, kis Balázs.

Alszik a széken a kabát,
szunnyadozik a szakadás,
máma már nem hasad tovább –
aludj el szépen, kis Balázs.

Szundít a lapda, meg a síp,
az erdő, a kirándulás,
a jó cukor is aluszik –
aludj el szépen, kis Balázs.

A távolságot, mint üveg-
golyót, megkapod, óriás
leszel, csak húnyd le kis szemed –
aludj el szépen, kis Balázs.

Tűzoltó leszel s katona!
Vadakat terelő juhász!
Látod, elalszik anyuka. –
Aludj el szépen, kis Balázs.

[1935]

144

LULLABY

Now the sky shuts its blue eyes,
in our house, out go the lights,
a quilt covers the hillside—
goodnight little one, sleep tight.

The ladybug and the dragonfly
have gone to sleep, they don't cry,
the bees' buzz goes to sleep for the night—
goodnight little one, sleep tight.

The streetcar sleeps out on the street,
and while the rumbling goes beddy-bye,
the dreaming bell clangs once, ever so light—
goodnight little one, sleep tight.

Your clothes are asleep on the chair,
your jacket is dozing, the tear
on it won't rip any more tonight—
goodnight little one, sleep tight.

Your ball is asleep, and your flute,
outdoors the fields, and the woods,
and the fat candy bar at your bedside—
goodnight little one, sleep tight.

And outer space, like a clear
marble, will be yours, you'll be
a giant when you close your eyes—
goodnight little one, sleep tight.

You'll be a fireman, you'll drive a jeep!
You'll tame wild beasts in the night!
Look, even your mom is going to sleep—
goodnight little one, sleep tight.

AJTÓT NYITOK

Ajtót nyitok. Meglódul lomhán
a főzelék fagyott szaga
és végigvicsorog a konyhán
a karmos tűzhely. A szoba

üres, senki. Tizenhat éve
ennek, mit sosem feledek.
Viaszkos vásznu konyhaszékre
ültem, nyafognék, nem lehet.

Értem, hogy anyám eltemették,
de nincs és nyugtalan vagyok,
ezt nem értem. Felnőtt lehetnék.
(A mosogatótál ragyog.)

Nem fáj, de meg sem érinthettem,
nem láttam holtában anyám,
nem is sírtam. És érthetetlen,
hogy mindig így lesz ezután.

[1935]

I OPEN A DOOR

I open a door. The stale smell
of cooking sluggishly withdraws
and the stove on its iron claws
snarls across the kitchen. The room

is empty, abandoned. Sixteen years
have passed and I still cannot forget.
A canvas chair is there, I sit down
and want to whimper, but can't.

I know my mother's been buried.
But she's not here, this troubles me,
this I cannot grasp. I could be a grownup.
(The kitchen sink shines spotlessly clean.)

It does not hurt, but I didn't touch her,
was not allowed to see my dead mother,
I did not cry. And I cannot fathom
this is how it'll be from now on.

MODERN SZONETT

Az ember él, habár üres a kamra
s a dobozokban semmi élelem.
Életben tart a halálfélelem.
(E nehéz percben ismerek magamra.)

Most sajnálom (de ezt is lenyelem),
hogy nincs isten, ki gondoljon kínomra
és azok szemét ujjával kinyomja,
kik elnézik, hogy nincsen kenyerem.

Büszke nyomorult voltam én! Ma már
belátom, csak a csökönyös szamár
büszke, amikor szaggatja az ostor,

meg az újonc, ki első ízben posztol,
meg a gyermek, kit dícsér a tanár
és otthon édes meggybefőttet kóstol.

[1935]

MODERN SONNET

One lives on, though the larder's cleaned out
and the breadbox is empty of bread.
You are kept alive by fear of death.
(In this harsh moment I confront myself.)

Although I can live with it, I now regret
there's no God to watch over my sighs
and to pluck out those eyes
that look on while I must go without bread.

I used to be so proud in my misery!
But only the mule is proud, now I see,
when the whip cracks over his back, loud,

and the new recruit on his first honor guard,
and the child who wins the school spelling bee,
given apple pie at home as a reward.

EMBEREK

Családunkban a jó a jövevény.
Az érdek, mint a gazda, úgy igazgat, –
ezt érti rég, de ostobán, ki gazdag,
s ma már sejteni kezdi sok szegény.

Kibomlik végül minden szövevény.
Csak öntudatlan falazunk a gaznak,
kik dölyffel hisszük magunkat igaznak.
A dallam nem változtat szövegén.

De énekelünk mind teli torokkal
s edzzük magunkat borokkal, porokkal,
ha kedvünk fanyar, szánk pedig üres.

Erényes lény, ki csalódni ügyes.
Úgy teli vagyunk apró, maró okkal,
mint szúnyoggal a susogó füzes.

[1935]

HUMANS

In our human family goodness is a stranger.
Selfishness is the landlord in this place.
For ages the rich have unthinkingly known this;
now it is beginning to dawn on the poor.

All weavings come unraveled in the end.
We who proudly claim to be the righteous
hide the criminal in our unconscious.
The tune is different, but the words remain.

But still, we sing out loud, all is cool,
and steel ourselves with pills and alcohol
on empty stomachs, crooning the blues.

To be righteous, be skilled at bad news.
Of tiny, biting reasons we are as full
as a whispering willow rife with mosquitoes.

LÉGY OSTOBA!

Légy ostoba! Ne félj; a szép szabadság
csak ostobaság. Eszméink között
rabon ugrálunk, mint az üldözött
majom, ki tépi ketrecének rácsát.

Légy ostoba! A jóság és a béke
csak ostobaság. Ami rend lehet,
majd így ülepszik le szived felett,
mint medrében a folyó söpredéke.

Légy ostoba! Hogy megszólnak, ne reszkess,
bár nem győzhetsz, nem is lehetsz te vesztes.
Légy oly ostoba, mint majd a halál.

Nem lehet soha nem igaz szavad –
jó leszel, erős, békés és szabad
vendég mult s jövő asztalainál.

[1935]

BE A FOOL!

Be a fool! Don't worry, freedom in this age
is only for fools. We are imprisoned
by our ideals, jumping like frenzied
apes rattling the bars of their cage.

Be a fool! Benevolence and peace
are only for fools. An order of some kind
will come to settle over your heart
like scum in a riverbed.

Be a fool! If you are slandered, don't whimper.
You cannot win, but you won't be a loser.
Be as idiotic as death will be, at last.

This way you will never speak a false word,
you will be calm, collected, strong, and free—
a welcome tableguest in future and past.

ÉN NEM TUDTAM

Én úgy hallgattam mindig, mint mesét,
a bűnről szóló tanítást. Utána
nevettem is – mily ostoba beszéd!
Bűnről fecseg, ki cselekedni gyáva!

Én nem tudtam, hogy annyi szörnyüség
barlangja szívem. Azt hittem, mamája
ringatja úgy elalvó gyermekét,
ahogy dohogva álmait kínálja.

Most már tudom. E rebbenő igazság
nagy fényében az eredendő gazság
szivemben, mint ravatal, feketül.

S ha én nem szólnék, kinyögné a szájam
bár lennétek ily bűnösök mindnyájan,
hogy ne maradjak egész egyedül.

[1935]

I DID NOT KNOW

I always believed theories of guilt
were only fairy tales, to be laughed at,
stupid, lame raps—you talk about guilt
when you are afraid to act!

I did not know that so many horrors
hid in the chambers of my heart.
I thought it offered dreams with every beat
like a mother rocking her child to sleep.

Now I know better. This great truth sheds light
on the original infamy in my heart
shining like a sleek black coffin.

And my mouth would have groaned out on its own
(had I not spoken): so I would not be all alone,
why can't you all be as guilty as I am?

A BŰN

Zord bűnös vagyok, azt hiszem,
 de jól érzem magam.
Csak az zavar e semmiben,
 mért nincs bűnöm, ha van.

Hogy bűnös vagyok, nem vitás.
 De bármit gondolok,
az én bűnöm valami más.
 Tán együgyű dolog.

Mint fösvény eltünt aranyát,
 e bűnt keresem én;
elhagytam érte egy anyát,
 bár szívem nem kemény.

És meg is lelem egy napon
 az erény hősein;
s hogy gyónjak, kávézni hivom
 meg ismerőseim.

Elmondom: Öltem. Nem tudom,
 kit, talán az apám –
elnéztem, amint vére folyt
 egy alvadt éjszakán.

Késsel szúrtam. Nem színezem,
 hisz emberek vagyunk
s mint megdöföttek, hirtelen
 majd mi is lerogyunk.

Elmondom. S várom (várni kell),
 ki fut, hogy dolga van;
megnézem, ki tűnődik el;
 ki retteg boldogan.

GUILT

I think I am a hardened sinner
    although I feel all right.
Only one trifle bothers me:
    Guilty, yes—but of what?

There is no doubt about my guilt.
    But no matter how I rack my brain
I cannot point out my crime.
    Maybe it is simple and plain.

Like a miser after his vanished gold
    I rummage for this sin.
I have abandoned my mother for its sake
    although my heart is not made of tin.

Some day I'll find it, you'll see,
    among the champions of morality.
Then I will have to confess
    and invite my friends for tea.

I'll tell them I have killed. Whom,
    I am not sure. Perhaps my father.
I looked on while he bled away
    as night congealed into day.

I stabbed him with a knife. I won't
    elaborate, we are all mortal—
and any day, like someone stabbed,
    suddenly any of us may fall.

I'll tell all, then wait to see
    who'll be too busy to stay
and who will fall into reverie
    and who will be horrified yet gay.

És észreveszek valakit,
   ki szemmel, melegen
jelez, csak ennyit: Vannak itt
   s te nem vagy idegen…

Ám lehet, bűnöm gyermekes
   és együgyű nagyon.
Akkor a világ kicsi lesz
   s én játszani hagyom.

Én istent nem hiszek, s ha van,
   ne fáradjon velem;
majd én föloldozom magam;
   ki él, segít nekem.

[1935]

And then I shall notice the one
 whose eyes signal, warm:
there are others here like you, son,
 you are not the only one...

But possibly my guilt is childish
 and really dumb.
Then the size of the world will diminish
 and I will let it play on.

I don't believe in god; if one exists,
 no need to bother with me.
I shall absolve myself, and the living
 will help set me free.

LEVEGŐT!

Ki tiltja meg, hogy elmondjam, mi bántott
　　hazafelé menet?
A gyepre éppen langy sötétség szállott,
　　mint bársony-permeteg
és lábom alatt álmatlan forogtak,
ütött gyermekként csendesen morogtak
　　a sovány levelek.

Fürkészve, körben guggoltak a bokrok
　　a város peremén.
Az őszi szél köztük vigyázva botlott.
　　A hűvös televény
a lámpák felé lesett gyanakvóan;
vadkácsa riadt hápogva a tóban,
　　amerre mentem én.

Épp azt gondoltam, rám törhet, ki érti,
　　e táj oly elhagyott.
S ím váratlan előbukkant egy férfi,
　　de tovább baktatott.
Utána néztem. Kifoszthatna engem,
hisz védekezni nincsen semmi kedvem,
　　míg nyomorult vagyok.

Számon tarthatják, mit telefonoztam
　　s mikor, miért, kinek.
Aktákba írják, miről álmodoztam,
　　s azt is, ki érti meg.
És nem sejthetem, mikor lesz elég ok,
előkotorni azt a kartotékot,
　　mely jogom sérti meg.

És az országban a törékeny falvak
　　– anyám ott született –
az eleven jog fájáról lehulltak,
　　mint itt e levelek

A BREATH OF AIR!

Who can forbid my telling what hurt me
    on the way home?
Soft darkness was just settling on the grass,
    a velvet drizzle,
and under my feet the brittle leaves
tossed sleeplessly and moaned
    like beaten children.

Stealthy shrubs were squatting in a circle
    on the city's edge.
The autumn wind cautiously stumbled among them.
    The cool moist soil
looked with suspicion at streetlamps;
a wild duck woke clucking in a pond
    as I walked by.

I was thinking, anyone could attack me
    in that lonely place.
Suddenly a man appeared,
    but walked on.
I watched him go. He could have robbed me,
since I wasn't in the mood for self-defense.
    I felt crippled.

They can tap all my telephone calls
    (when, why, to whom.)
They have a file on my dreams and plans
    and on those who read them.
And who knows when they'll find
sufficient reason to dig up the files
    that violate my rights.

In this country, fragile villages
    — where my mother was born—
have fallen from the tree of living rights
    like these leaves

s ha rájuk hág a felnőtt balszerencse,
mind megcsörren, hogy nyomorát jelentse
    s elporlik, szétpereg.

Óh, én nem így képzeltem el a rendet.
    Lelkem nem ily honos.
Nem hittem létet, hogy könnyebben tenghet,
    aki alattomos.
Sem népet, amely retteg, hogyha választ,
szemét lesütve fontol sanda választ
    és vídul, ha toroz.

Én nem ilyennek képzeltem a rendet.
    Pedig hát engemet
sokszor nem is tudtam, hogy miért, vertek,
    mint apró gyermeket,
ki ugrott volna egy jó szóra nyomban.
Én tudtam – messze anyám, rokonom van,
    ezek idegenek.

Felnőttem már. Szaporodik fogamban
    az idegen anyag,
mint szívemben a halál. De jogom van
    és lélek vagy agyag
még nem vagyok s nem oly becses az irhám,
hogy érett fővel szótlanul kibírnám,
    ha nem vagyok szabad!

Az én vezérem bensőmből vezérel!
    Emberek, nem vadak –
elmék vagyunk! Szivünk míg vágyat érlel,
    nem kartoték adat.
Jöjj el, szabadság! Te szülj nekem rendet,
jó szóval oktasd, játszani is engedd
    szép, komoly fiadat!

[1935]

162

and when a full-grown misery treads on them
a small noise reports their misfortune
        as they're crushed alive.

This is not the order I dreamed of. My soul
        is not at home here
in a world where the insidious
        vegetate easier,
among people who dread to choose
and tell lies with averted eyes
        and feast when someone dies.

This is not how I imagined order.
        Even though
I was beaten as a small child, mostly
        with no reason,
I would have jumped at a single kind word.
I knew my mother and my kin were far,
        these people were strangers.

Now I have grown up. There is more foreign
        matter in my teeth,
more death in my heart. But I still have rights
        until I fall apart
into dust and soul, and now that I've grown up
my skin is not so precious that I should put up
        with the loss of my freedom.

My leader is in my heart. We are
        men, not beasts,
we have minds. While our hearts ripen desires,
        they cannot be kept in files.
Come, freedom! Give birth to a new order,
teach me with good words and let me play,
        your beautiful serene son.

KÉSEI SIRATÓ

Harminchatfokos lázban égek mindig
s te nem ápolsz, anyám.
Mint lenge, könnyü lány, ha odaintik,
kinyujtóztál a halál oldalán.
Lágy őszi tájból és sok kedves nőből
próbállak összeállítani téged;
de nem futja, már látom, az időből,
a tömény tűz eléget.

Utoljára Szabadszállásra mentem,
a hadak vége volt
s ez összekúszálódott Budapesten
kenyér nélkül, üresen állt a bolt.
A vonattetőn hasaltam keresztben,
hoztam krumplit; a zsákban köles volt már;
neked, én konok, csirkét is szereztem
s te már seholse voltál.

Tőlem elvetted, kukacoknak adtad
édes emlőd s magad.
Vigasztaltad fiad és pirongattad
s lám, csalárd, hazug volt kedves szavad.
Levesem hűtötted, fujtad, kavartad,
mondtad: Egyél, nekem nőssz nagyra, szentem!
Most zsíros nyirkot kóstol üres ajkad –
félrevezettél engem.

Ettelek volna meg!... Te vacsorádat
hoztad el – kértem én?
Mért görbítetted mosásnak a hátad?
Hogy egyengesd egy láda fenekén?
Lásd, örülnék, ha megvernél még egyszer!
Boldoggá tenne most, mert visszavágnék:
haszontalan vagy! nem-lenni igyekszel
s mindent elrontsz, te árnyék!

BELATED LAMENT

Mother, my fever is ninety-eight point six,
and you are not here to take care of me.
Instead, like an easy woman, when called,
you stretched out by death's side.
I try to piece you together from soft
autumn landscapes and women dear to me,
but I can see there won't be time.
This fire is burning me away.

It was the end of the war
when I went to the country that last time.
In the city all the stores were empty—
no food, not even bread.
I lay flat on my belly on top of a boxcar
to bring you flour and potatoes in a sack.
I, your stubborn son, brought a chicken for you.
But you weren't there.

You took yourself and your sweet breasts
from me and gave them to maggots.
The words you used to scold, to comfort,
were nothing but cheating, lying words.
You cooled my bowl of soup, you stirred it,
'Eat, my baby, grow tall for me.'
Now your empty mouth bites into damp and grease—
o you have deceived me.

I should have devoured you! You gave your own
dinner, but did I ask for it? And why did you
break your back doing all that laundry?
So that the coffin might straighten it out?
I would be glad to have you beat me once more.
I'd be happy, because I could hit you back.
You are worthless! You just want to be dead!
You spoil everything! You are a ghost!

Nagyobb szélhámos vagy, mint bármelyik nő,
ki csal és hiteget!
Suttyomban elhagytad szerelmeidből
jajongva szült, eleven hitedet.
Cigány vagy! Amit adtál hízelegve,
mind visszaloptad az utolsó órán!
A gyereknek kél káromkodni kedve –
nem hallod, mama? Szólj rám!

Világosodik lassacskán az elmém,
a legenda oda.
A gyermek, aki csügg anyja szerelmén,
észreveszi, hogy milyen ostoba.
Kit anya szült, az mind csalódik végül,
vagy így, vagy úgy, hogy maga próbál csalni.
Ha küzd, hát abba, ha pedig kibékül,
ebbe fog belehalni.

[1935]

You are a greater cheat than any woman
that ever deceived me. You wailed,
you gave birth out of love,
— and then you stole away.
O you gypsy, you wheedled, you gave
only to steal it back in the last hour.
Your child wants to swear and curse—
mother, can't you hear? Stop me!

Slowly the mind calms down,
the myths run out.
The child who clings to his mother's love
sees how foolish he has been.
Every mother's son is let down in the end,
either deceived, or else trying to cheat.
You can try to fight, and you'll be killed;
Or else make your peace—and die.

Ha a hold süt, a néma, siron tuli fény,
álmomba' kinyílnak a termek.
Kioson, kenyeret szel a konyha kövén
s majszolja riadtan a gyermek.

Csak a léghuzat ismeri – alszik a ház.
Les nagy szeme, reszket a térde.
Zsirok és köcsögök teje közt kotorász,
surranva, mint az egérke.

Ha belé-belereccsen a szörnyü kredenc,
ajkára repül kicsiny ujja:
könyörögne az irgalomért, de a csend
zord kürtje a zajt tovafújja.

Ez a zaj, ez a kín, e világrecsegés
nem szűnve, dühöngve növekszik.
Belesáppad a gyermek, elejti a kést
és visszalopódzva lefekszik...

Mire ébredek, ég a nap, olvad a jég,
szétfreccsen iromba szilánkja,
mint déligyümölcs-kirakat üvegét
öklével a vágy ha bevágja.

Elalél a fagy istene, enged az ég.
Már unja az ördög a poklot,
ideönti a földre kövér melegét –
zöld lángba borulnak a bokrok.

[1936]

When the moon shines, in my dreams a mute
otherworldly light floods the halls.
A child sneaks to the kitchen, to cut
bread and quickly stuff it in his mouth.

Only the drafts know him in the sleeping house.
His knees shake, scared big eyes stare hard,
while his hand rummages like a mouse
among milk jugs and containers of lard.

The terrible cupboard keeps creaking:
the boy's hand freezes at his mouth.
He'd beg for mercy but silence, that unforgiving
cruel loudspeaker, magnifies the sound.

The noise (cosmic creaking), the strife
instead of stopping, grows and rages on.
The child turns pale. He drops the knife
and sneaks back to lie down...

When I wake up the sun flames, ice melts,
everywhere clumsy shards scattered—
like plateglass from an exotic fruit display,
that the clenched fist of hunger shattered.

Heaven relents, the frost god fades away.
Tired of hell, the devil tries a new game,
and directs his lush heat our way:
trees and shrubs break out in green flame.

AMIT SZIVEDBE REJTESZ

Freud nyolcvanadik születésnapjára

Amit szivedbe rejtesz,
szemednek tárd ki azt;
amit szemeddel sejtesz,
sziveddel várd ki azt.

A szerelembe – mondják –
belehal, aki él.
De úgy kell a boldogság,
mint egy falat kenyér.

S aki él, mind-mind gyermek
és anyaölbe vágy.
Ölnek, ha nem ölelnek –
a harctér nászi ágy.

Légy, mint a Nyolcvan Éves,
akit pusztítanak
a növekvők s míg vérez,
nemz millió fiat.

Már nincs benned a régen
talpadba tört tövis.
És most szivedből szépen
kihull halálod is.

Amit szemeddel sejtesz,
kezeddel fogd meg azt.
Akit szivedbe rejtesz,
öld, vagy csókold meg azt!

[1936]

WHAT YOU HIDE IN YOUR HEART

On Freud's Eightieth Birthday

What you hide in your heart
open up for your eyes
and await in your heart
what you foresee with your eyes.

They say that love leads
the living toward death.
Yet we crave pleasure
as we crave bread.

And all who live are children
longing for their mother's lap.
When not embracing, they're killing—
the battlefield is a marriage bed.

May you be like the Old One,
mauled by the young,
who, bleeding away,
sires a million sons.

The thorn that once stuck in your foot
has now fallen out.
And now even your death
drops quietly from your heart.

Let your hands fill
with what your eyes see ahead.
Either kiss or kill
the one you hide in your heart.

1

A rakodópart alsó kövén ültem,
néztem, hogy úszik el a dinnyehéj.
Alig hallottam, sorsomba merülten,
hogy fecseg a felszín, hallgat a mély.
Mintha szívemből folyt volna tova,
zavaros, bölcs és nagy volt a Duna.

Mint az izmok, ha dolgozik az ember,
reszel, kalapál, vályogot vet, ás,
úgy pattant, úgy feszült, úgy ernyedett el
minden hullám és minden mozdulás.
S mint édesanyám, ringatott, mesélt
s mosta a város minden szennyesét.

És elkezdett az eső cseperészni,
de mintha mindegy volna, el is állt.
És mégis, mint aki barlangból nézi
a hosszú esőt – néztem a határt:
egykedvü, örök eső módra hullt,
szüntelenül, mi tarka volt, a mult.

A Duna csak folyt. És mint a termékeny,
másra gondoló anyának ölén
a kisgyermek, úgy játszadoztak szépen
és nevetgéltek a habok felém.
Az idő árján úgy remegtek ők,
mint sírköves, dülöngő temetők.

2

Én úgy vagyok, hogy már százezer éve
nézem, amit meglátok hirtelen.
Egy pillanat s kész az idő egésze,
mit százezer ős szemlélget velem.

BY THE DANUBE

1

Sitting on the steps of the quay
I watched a melon rind floating away.
Submerged in my fate I barely heard
the surface chatter. From the depths: not a word.
And just like my heart's high tide
the Danube was murky, wise, wide.

Like muscles at work, muscles that
make bricks, dig, hammer and hoe—
that's how each movement of each wave
kicked into action, tensed and let go.
The river, like mother, told tales, lulled me,
and washed the city's dirty laundry.

A slow drizzle began to fall, but soon
gave up, as if it were all the same.
Still, I watched the horizon like one
inside a cave, watching a steady rain:
this gray eternal rain pouring, steadfast,
so transparent now, the many-colored past.

The Danube flowed on. Small white-
crested waves played laughing my way
like children in the lap of a fertile
young mother who sits dreaming away.
Awash in time's flood they chattered,
so many headstones, graveyards shattered.

2

With me, it takes one hundred thousand years
looking on so I can suddenly see
in a flash, all of time's totality—
and ten thousand ancestors look on with me.

173

Látom, mit ők nem láttak, mert kapáltak,
öltek, öleltek, tették, ami kell.
S ők látják azt, az anyagba leszálltak,
mit én nem látok, ha vallani kell.

Tudunk egymásról, mint öröm és bánat.
Enyém a mult és övék a jelen.
Verset írunk – ők fogják ceruzámat
s én érzem őket és emlékezem.

3

Anyám kún volt, az apám félig székely,
félig román, vagy tán egészen az.
Anyám szájából édes volt az étel,
apám szájából szép volt az igaz.
Mikor mozdulok, ők ölelik egymást.
Elszomorodom néha emiatt –
ez az elmúlás. Ebből vagyok. „Meglásd,
ha majd nem leszünk!..." – megszólítanak.

Megszólítanak, mert ők én vagyok már;
gyenge létemre így vagyok erős,
ki emlékszem, hogy több vagyok a soknál,
mert az őssejtig vagyok minden ős –
az Ős vagyok, mely sokasodni foszlik:
apám- s anyámmá válok boldogon,
s apám, anyám maga is ketté oszlik
s én lelkes Eggyé így szaporodom!

A világ vagyok – minden, ami volt, van:
a sok nemzetség, mely egymásra tör.
A honfoglalók győznek velem holtan
s a meghódoltak kínja meggyötör.
Árpád és Zalán, Werbőczi és Dózsa –
török, tatár, tót, román kavarog
e szívben, mely e multnak már adósa
szelíd jövővel – mai magyarok!

I can see what they could not, being too busy
plowing, killing, loving, doing what they had to do.
And they, having settled back into matter, can see
what I cannot, when I must testify for you.

We know each other as joy knows sorrow.
The past is mine, theirs the present.
We write this poem—when they touch my pen
I start to remember, feeling their presence.

3

My mother was Kuman, my father half Székely
and half, perhaps all, Romanian.
Food tasted sweeter from my mother's mouth,
from father's came the beauty of truth.
Each move I make, it's their embrace.
At times it makes me sad—this death,
this is how I was made. They call me. "Son
you'll see, when we are gone..."

They speak to me, through me, become me;
being weak this is how I grow strong,
reminded I am more than a throng:
I am each ancestor, back to the first cell,
the First One that split and multiplied.
Turned into mother and father, I glow—
and father, mother each divide in two,
and I expand into One vast soul!

I am the world—all that once was is still alive,
today it is still tribe against tribe.
Long-gone conquerors are my living dead,
I suffer the torments of the defeated.
Settler and exile, lawmaker and rebel,
Turk, Tatar, Romanian, Slovak—today's
Hungarians!—all swirl in my heart:
we owe a gentle future to the past!

... Én dolgozni akarok. Elegendő
harc, hogy a multat be kell vallani.
A Dunának, mely mult, jelen s jövendő,
egymást ölelik lágy hullámai.
A harcot, amelyet őseink vívtak,
békévé oldja az emlékezés
s rendezni végre közös dolgainkat,
ez a mi munkánk; és nem is kevés.

[1936]

...I want to work. This was strife enough,
having to own up to the past
by the Danube, whose gentle waves
embrace past, present and tomorrow.
The battles our ancestors had to fight
resolve into peace in remembrance's light.
It is time to work together at last
on our affairs in common—no small task.

MINT A MEZŐN

Mint a mezőn a kisfiút ha
eléri a vihar
s nincs tanya, anya, hova futna
kapkodott lábaival,
a tömött, dühödt ég dörög,
a tarlón szalmaszál pörög,
ő mint az állat, nyöszörög,
zokogna, de a félelem
elveszi könnye melegét,
sóhajtana, de hirtelen
reálehel a hideg ég
s csak akkor, amikor sovány
testén és arcán halovány
borzongás villan, mint a villám
s fekete eső dől szakadva,
az mintha belőle fakadna,
mint mérhetetlen nagy sirás,
amely fölgyűl a földeken,
fénylőn csorog a zöldeken,
árkot betölt és gödröt ás,
hömpölyög a réten, az éren,
hömpölyög fönn a levegőben,
s a gyermek megindul a téren,
útja van ebben az időben –
így tört e vágy rám, ily veszetten,
ily hirtelen, ily szilajon,
férfi létemre sírni kezdtem.
S e könnyel ázott talajon,
hol nehezen emeli lábát
az ember, ki pedig sietne –
megállok most. A kívánságát
észre se venném, ha szeretne.

[1936]

AS IN A FIELD

As in a field a storm
overtaking a small boy,
no other: mother or farmhouse to run for
on churning feet,
the sky is thick with angry rumble,
a single straw swirls in the stubble,
animal-like he whimpers,
would sob, but his fears
have robbed his warm tears,
would sigh
but now the sky
exhales cold breath
suddenly at his thin
body and face, lit
by a pale shiver like lightning
and black rain falls pouring
as if he were the source
of tears beyond measure
pooling in the fields
washing bright verdure
digging the pit, flooding the hollow
sweeping over brook and meadow,
in the air a swooping shadow,
as the boy sets out on his way
that's his through time and space—
that's how fierce the sudden rage
of desire that swept me so
I cried forgetting my age
and on this tearsoaked soil
that makes your feet so heavy
even as you would like to hurry—
I stop and stand now. If she loved me,
I wouldn't even notice this desire.

NAGYON FÁJ

Kivül-belől
leselkedő halál elől
(mint lukba megriadt egérke)

amíg hevülsz,
az asszonyhoz úgy menekülsz,
hogy óvjon karja, öle, térde.

Nemcsak a lágy,
meleg öl csal, nemcsak a vágy,
de odataszit a muszáj is –

ezért ölel
minden, ami asszonyra lel,
mig el nem fehérül a száj is.

Kettős teher
s kettős kincs, hogy szeretni kell.
Ki szeret s párra nem találhat,

oly hontalan,
mint amilyen gyámoltalan
a szükségét végző vadállat.

Nincsen egyéb
menedékünk, a kés hegyét
bár anyádnak szegezd, te bátor!

És lásd, akadt
nő, ki érti e szavakat,
de mégis ellökött magától.

Nincsen helyem
így, élők közt. Zúg a fejem,
gondom s fájdalmam kicifrázva;

IT HURTS A LOT

Inside, outside
death stalks your hide
(scared little mouse, run for your hole)—

as long as you yearn
you'll keep running to her
for sheltering arms, knees, her whole

being, lured there
by her warm lap and desire;
you are thrown there by your need—

and so all who find
woman's embrace, cling and grind
until their lips turn white with greed.

Twofold guerdon,
twofold treasure, this love-burden.
Who loves and finds no other

is as homeless
as a wild beast, and as helpless:
an animal in need, sans shelter.

You will find no
other refuge, even if you
dare point the knife at your mother!

There was one who had heard
the meaning of my words
and still thrust me away from her.

And so, ever since,
I have no place in life. My head spins
a patchwork of cares and aches

mint a gyerek
kezében a csörgő csereg
ha magára hagyottan rázza.

Mit kellene
tenni érte és ellene?
Nem szégyenlem, ha kitalálom,

hisz kitaszít
a világ így is olyat, akit
kábít a nap, rettent az álom.

A kultura
úgy hull le rólam, mint ruha
másról a boldog szerelemben –

de az hol áll,
hogy nézze, mint dobál halál
s még egyedül kelljen szenvednem?

A csecsemő
is szenvedi, ha szül a nő.
Páros kínt enyhíthet alázat.

De énnekem
pénzt hoz fájdalmas énekem
s hozzám szegődik a gyalázat.

Segítsetek!
Ti kisfiúk, a szemetek
pattanjon meg ott, ő ahol jár.

Ártatlanok,
csizmák alatt sikongjatok
és mondjátok neki: Nagyon fáj.

Ti hű ebek,
kerék alá kerüljetek
s ugassátok neki: Nagyon fáj.

like a small boy
and his rattle, the
only the lonely child shakes.

What should I do
against, or for her: fight or woo?
It's no shame to find out, it seems,

since the world will
thrust out and kill
the sun-dazed, terrorized by dreams.

I drop away
"culture" like clothes that stay
thrown by carefree lovers on the ground.

Where does it say
that I should suffer alone this way
while she watches death slapping me around?

Newborns suffer
given birth by the mother.
But the pain is eased by sharing.

As for me, my
painful song brings only money,
followed by more shame and agony.

Help me! Small boys,
let your eyes burst
when she walks by.

Innocent babes,
under bootheels scream out, please,
cry, let her know: it hurts a lot.

Faithful old dogs
get run over by the machine's cogs,
howl out to her: it hurts a lot!

Nők, terhetek
viselők, elvetéljetek
és sírjátok neki: Nagyon fáj.

Ép emberek,
bukjatok, összetörjetek
s motyogjátok neki: Nagyon fáj.

Ti férfiak,
egymást megtépve nő miatt,
ne hallgassátok el: Nagyon fáj.

Lovak, bikák,
kiket, hogy húzzatok igát,
herélnek, ríjjátok: Nagyon fáj.

Néma halak,
horgot kapjatok jég alatt
és tátogjatok rá: Nagyon fáj.

Elevenek,
minden, mi kíntól megremeg,
égjen, hol laktok, kert, vadon táj –

s ágya körül,
üszkösen, ha elszenderül,
vakogjatok velem: Nagyon fáj.

Hallja, míg él.
Azt tagadta meg, amit ér.
Elvonta puszta kénye végett

kivül-belől
menekülő élő elől
a legutolsó menedéket.

[1936]

Pregnant women
abort your burden,
cry out to her: it hurts a lot!

Healthy humans,
fall down, get crushed,
groan out to her: it hurts a lot.

All you men who
claw each other for a woman,
do not hold back: it hurts a lot.

Stallions, bulls
gelded for the yoke to pull,
bellow at her: it hurts a lot.

Oh you mute fish
bite the hook, thrash,
gape up at her: it hurts a lot.

All things living,
in pain quivering,
in woods and field, let your homes burn

till you've gathered
your charred flesh around her bed
and moan with me: it hurts a lot.

All her life long
let her hear it, she has done wrong,
on a sheer whim she has denied

the last refuge
inside, outside
from a man who's trying to hide.

KIRAKJÁK A FÁT

A pályaudvar hídja még remeg,
de már a kényes őszi szél dorombol
és kiszáradt hasábfák döngenek,
amint dobálják őket a vagonból.

Ha fordul is egy, a lehullt halom
néma... Mi bánt? Úgy érzem, mintha félnék,
menekülnék, hasáb a vállamon.
A kisgyerek, ki voltam, mégis él még.

A kis kölyök, ki voltam, ma is él
s a felnőttet a bánat fojtogatja;
de nem könnyezik, egy dalt zöngicsél
s ügyel, hogy el ne szálljon a kalapja.

Tőletek féltem, kemény emberek,
ti fadobálók, akiket csodáltam?
Most mint lopott fát, viszlek titeket
ez otthontalan, csupa-csősz világban.

[1936]

186

FIREWOOD

The freight station bridge still trembles
and a fussy autumn wind purrs around
the boxcar rumbling with the sound
of split firewood being thrown down.

A piece may shift, but the fallen heap lies
mute... What ails me? Afraid to look back,
running with split firewood in a sack:
the boy I once was is still here.

That little kid I was is around
and the grownup may be choked by regret,
but no tears: he hums his song,
making sure he hangs on to his hat.

Was it you I feared, tough-looking men
I admired as you tossed the wood?
I still carry you around, stolen firewood
in this homeless world full of guards.

FLÓRA

1
Hexaméterek

Roskad a kásás hó, cseperészget a bádogeresz már,
elfeketült kupacokban a jég elalél, tovatűnik,
buggyan a lé, a csatorna felé fodorul, csereg, árad.
Illan a könnyü derű, belereszket az égi magasság
s boldog vágy veti ingét pírral a reggeli tájra.

Látod, mennyire, félve-ocsúdva szeretlek, Flóra!
E csevegő szép olvadozásban a gyászt a szivemről
mint sebről a kötést, te leoldtad – ujra bizsergek.
Szól örökös neved árja, törékeny báju verőfény,
és beleborzongok, látván, hogy nélküled éltem.

2
Rejtelmek

Rejtelmek ha zengenek,
őrt állok, mint mesékbe'.
Bebujtattál engemet
talpig nehéz hűségbe.

Szól a szellő, szól a víz,
elpirulsz, ha megérted.
Szól a szem és szól a szív,
folyamodnak teérted.

Én is írom énekem:
ha már szeretlek téged,
tedd könnyűvé énnekem
ezt a nehéz hűséget.

[1937]

188

FLORA

1
Hexameters

Crumbling slush and snow, leaky tin gutter starting its drip-drop,
in heaps that turned black, the ice faints away, evanesces, is gone,
juices gush forth and cavort twittering, a foamy flood toward sewers.
Fleeting, this lissome sunlight, making the heavenly highness quiver
and happy desire flings her shirt blushing on dawn's landscape.

Fearful, reviving, can you see how much I love you Flora?
In this beautiful chattering spring thaw the grief from my heart,
like a bandage from a wound, you have lifted—again I'm a-tingle.
Your eternal name's flood calls, fragile, sweet sunshine,
makes me shiver seeing I have lived so long without you.

2
Mysteries

Mysteries are calling me:
stand awake in a fairytale.
You wrapped me up, and made me wear
this heavy faith, like chain mail.

Singing water, singing breeze,
you'll blush when you'll understand.
Singing eyes and singing heart
go all out to win your hand.

So I'm writing you a song
'long as I'm bound to love you—
help me lighten up this load,
this heavy faith I owe you.

FLÓRÁNAK

Most azon muszáj elmerengnem,
hogy ha te nem szeretnél engem,
kiolthatnám drága szenem,
lehunyhatnám fáradt szemem.

Mert jó meghalni. Tán örülnék,
ha nem szeretnél így. Kiülnék
a fehérhabú zöld egek,
fecsegő csillagfellegek

mellé a nyugalom partjára,
a nem üres űr egy martjára,
szemlélni a világokat,
mint bokron a virágokat.

Hajósinas koromban, nyáron,
a zörgő, vontató Tatáron,
egy szép napon munkátlanul,
mint aki örömöt tanul,

bámultam a Dunát, megáradt,
libegtetett leveles ágat,
úgy kanyarított sok fodort,
deszkát harapdált és sodort

olyan sok szép villogó dinnyét
a sárga ár, hogy el se hinnéd
és én se hinném el talán,
ha nem tenéked mondanám.

Piros almák is ringatóztak,
zöld paprikák bicegve úsztak,
most ez, majd az lett volna jó.
S állt és bólintott a hajó.

FOR FLORA

I feel compelled to muse about what
I would do if you loved me not:
I could then put out my costly fires,
I could then shut my tired eyes.

For it is good to die. Perhaps I'd be glad
if you did not love me so. I would sit
there under white-foamed green skies,
next to pattering clouds of stars

out there on the shores of tranquility,
on the banks of space that is not empty,
to look on and contemplate worlds
as you would flowers on a tree.

One summer when I was a ship's boy on
a clattering tugboat named Tatar,
one beautiful idle summer day,
as if studying how to be happy,

I stared at the Danube: its high flood
brought branches in full leaf, afloat,
and so many ruffling wavelets alive,
all nibbling at planks awash in the tide

and all those beautiful melons, flashes
in the yellow flood, you would not believe,
nor would I perhaps, if
I were not telling you all this.

There came also red apples bobbing,
and green peppers swam by, swaying,
each moment something new for the eye.
Rocking and nodding, the boat stood by.

Ilyen lenne az űri szemle.
Milyen szép! – bólintva mindenre,
meglátnám, milyen kéken ég
az ég, mely hozzád illenék.

Mert a mindenség ráadás csak,
az élet mint az áradás csap
a halál partszegélyein
túl, űrök, szívek mélyein

túl, túl a hallgatag határon,
akár a Duna akkor nyáron...
Mert szeretsz s nyugton alhatom,
neked én be is vallhatom

az elmulástól tetten érten,
hogy önmagamba én se fértem,
a lelkem azért közvagyon
s azért szeretlek ily nagyon.

[1937]

This is what viewing space would be like.
Nodding at each thing, "How lovely!"
I would then be able to judge how blue
is the celestial blue suited to you.

For the cosmos is our free gift
into the bargain. Life's flash flood
inundates past the shorelines of death,
past hearts and spaces and their depths,

way past the silent borderline
just like the Danube that summertime...
Because you love me and I can sleep in peace,
to you I might as well confess

that, caught in the act by transitoriness,
I, too, was unable to contain myself:
that's why my soul is now public property,
and that's why I love you so deeply.

MÁRCIUS

I

Langy, permeteg eső szemerkél,
új búza pelyhe ütközik.
Kéményre gólya s a levert tél
jeges csúcsokra költözik.
Zöld robbanásokkal kitört
a kikeleti víg erőszak.
Asztalos műhelye előtt
remény legyint meg, friss fenyőszag.

Mit ír a hírlap? Dúl a banda
Spanyolhonban és fosztogat;
Kínában elűzi egy bamba
tábornok a parasztokat
kis telkükről. Had fenyeget,
vérben áznak a tiszta vásznak.
Kínozzák a szegényeket.
Hadi uszítók hadonásznak.

Boldog vagyok: gyermek a lelkem;
Flóra szeret. S lám, álnokul,
meztelen, szép szerelmünk ellen
tankkal, vasakkal fölvonul
az ember alja. Megriaszt
a buzgóság e söpredékben.
S csak magunkból nyerek vigaszt,
erőt az élet érdekében.

MARCH

I

Mild, misty rain drizzles on
downy young spring wheat in bud.
The stork returns to the chimney,
beaten winter to the icy north.
Green explosions announce
the merry vernal violence.
In front of a carpenter's shop
fresh pine scent gives a whiff of hope.

What's in the news? In Spain
the gang ravages and rages;
in China a dumb general chases
peasants from their few small
acres. Armies bark threats,
clean linens soak in blood.
The poor are tormented.
War-mongers rattle about.

I am happy. My soul is a child;
Flora loves me. But we are doomed:
against our naked beautiful love
heavy metal tanks are sent out
by the vilest men. I am alarmed
by the zealousness of this scum.
Only in ourselves do I find comfort
and life-strength to carry on.

II

Zsoldos a férfi, a nő szajha,
szivüket el nem érhetem.
Gonoszságuk is föl van fujva,
mégis féltem az életem.
Hisz nincs egyebem e kivül.
Számol ezzel a gondos elme.
A megbántott Föld ha kihül,
ég Flórám és szivem szerelme.

Mert mi teremtünk szép, okos lányt
és bátor, értelmes fiút,
ki őriz belőlünk egy foszlányt,
mint nap fényéből a Tejút, –
és ha csak pislog már a Nap,
sarjaink bízóan csacsogva
jó gépen tovább szállanak
a művelhető csillagokba.

[1937]

II

Mercenary man and his paid slut—
their hearts I am unable to touch.
Their evil may be overamplified
yet I still fear for my life,
for I have nothing else beside.
But the watchful mind has planned ahead.
If violated Earth grows cold,
Flora, my heart's love will still glow.

For we shall create a lovely, bright girl
and a brave, understanding manchild
who will save of us some shred
—as sunlight in the Milky Way reflected—
so even when the Sun wanes
our offspring will fly full of faith
in their fine craft, as it soars
to cultivate the stars.

SZÜLETÉSNAPOMRA

Harminckét éves lettem én –
meglepetés e költemény
   csecse
   becse:

ajándék, mellyel meglepem
e kávéházi szegleten
   magam
   magam.

Harminckét évem elszelelt
s még havi kétszáz sose telt.
   Az ám,
   Hazám!

Lehettem volna oktató,
nem ily töltőtoll-koptató
   szegény
   legény.

De nem lettem, mert Szegeden
eltanácsolt az egyetem
   fura
   ura.

Intelme gyorsan, nyersen ért
a „Nincsen apám" versemért,
   a hont
   kivont

szablyával óvta ellenem.
Ide idézi szellemem
   hevét
   s nevét:

BIRTHDAY POEM

So—I lived to be thirty-two!
this poem is a surprise too:
 itty
 bitty

gift that came my way
in a corner of this café
 from me
 to me.

My thirty-two years have flown,
never had two hundred a month of my own.
 That's right,
 some birthright!

I could have been a college teacher,
instead of an idle pen-pusher,
 boho
 hobo.

But at the university in Szeged
I was summarily expelled
 by a mean
 dean.

His reproof came quick and hard,
for my poem "With a Pure Heart"
 he'd defend
 the homeland

against me with drawn sword.
And so my spirit's conjured
 his name,
 and fame:

„Ön, amíg szóból értek én,
nem lesz tanár e féltekén" –
gagyog
s ragyog.

Ha örül Horger Antal úr,
hogy költőnk nem nyelvtant tanul,
sekély
e kéj –

Én egész népemet fogom
nem középiskolás fokon
taní-
tani!

[1937]

"You sir, as long as I am competent,
will not teach on this continent,"
    he blustered,
    flustered.

But Professor Horger, if it gives you cheer
that this poet is not a grammar teacher,
    control
    your joy—

I shall instruct a whole nation,
not only the high-school population,
    you'll see
    you'll see.

Ős patkány terjeszt kórt miköztünk,
a meg nem gondolt gondolat,
belezabál, amit kifőztünk,
s emberből emberbe szalad.
Miatta nem tudja a részeg,
ha kedvét pezsgőbe öli,
hogy iszonyodó kis szegények
üres levesét hörpöli.

S mert a nemzetekből a szellem
nem facsar nedves jogokat,
hát új gyalázat egymás ellen
serkenti föl a fajokat.
Az elnyomás csapatban károg,
élő szívre, mint dögre száll –
s a földgolyón nyomor szivárog,
mint hülyék orcáján a nyál.

Lógatják szárnyuk az ínségnek
gombostűjére szúrt nyarak.
Bemásszák lelkünket a gépek,
mint aluvót a bogarak.
Belsőnk odvába bútt a hálás
hűség, a könny lángba pereg –
űzi egymást a bosszúállás
vágya s a lelkiismeret.

S mint a sakál, mely csillagoknak
fordul kihányni hangjait,
egünkre, hol kínok ragyognak,
a költő hasztalan vonít...
Ó, csillagok, ti! Rozsdás, durva
vastőrökül köröskörül,
hányszor lelkembe vagytok szúrva –
(itt csak meghalni sikerül.)

An ancient rat spreads disease among us,
unconsidered, un-thought-out thought,
sniffing into what we have cooked up,
running from human to human, caught.
It makes the drunkard unaware
that drowning his mood in champagne
he's swilling down the meager fare
of some starving family in pain.

And since the spirit of nations cannot
express the fresh juice of human rights,
you see new kinds of ethnic infamies
stir humankind against humankind.
Oppression descends in crowing flocks
upon living hearts as on carrion
and misery trickles over the globe
like saliva from an idiot's chin.

Summers pinned down by starvation droop
their wings in misery's glass case.
All over our souls machines crawl
like vermin over a sleeper's face.
We hide faith and gratitude deep
within, shed tears onto flames.
We thirst revenge, only to keep
succumbing to conscience's games.

And like a jackal that turns to the sky
to disgorge its howling at the stars,
it is at heaven where agonies shine
that the poet sends up his bootless cries...
Oh you constellations! So many rusty
rapacious iron daggers all around
stabbing my soul over and over—
(around here only death gains ground).

S mégis bízom. Könnyezve intlek,
szép jövőnk, ne légy ily sivár!…
Bízom, hisz, mint elődeinket,
karóba nem húznak ma már.
Majd a szabadság békessége
is eljön, fínomul a kín –
s minket is elfelednek végre
lugasok csendes árnyain.

[1937]

Still, I have faith. My eyes filled with tears,
I beseech you, future, be less fierce...
I have faith, for unlike our forebears
today we are no longer drawn and quartered.
Some day the peace of freedom will arrive
and torments will become more rarefied,
until we, too, will be forgotten at last
in arbors where gentle shadows are cast.

[MÁR RÉGESRÉG...]

Már régesrég rájöttem én,
kétéltű vagyok, mint a béka.
A zúgó egek fenekén
lapulok most, e költemény
szorongó lelkem buboréka.

Gonosz gazdáim nincsenek,
nem les a parancsomra féreg.
Mint a halak s az istenek,
tengerben és egekben élek.

Tengerem ölelő karok
meleg homályú, lágy világa.
Egem az ésszel fölfogott
emberiség világossága.

[1937]

[LONG AGO...]

Long ago I realized
I'm amphibious like a frog
that lies low at the bottom
of raging skies. This poem
is a bubble from my anxious soul.

I have no evil masters and
no worms await my command.
Like fish and gods I survive
in oceans and heavens alike.

My ocean is the murky world
of gentle, warm embracing arms.
My heaven is the clear light
of humanity conceived by the mind.

[HA LELKED, LOGIKÁD...]

Ha lelked, logikád,
mint patak köveken
csevegve folyik át
dolgokon egeken –

ver az ér, visz az ár,
eszmélhetsz nagyot:
nem kell más verse már,
költő én vagyok!

Kertemben érik a
leveles dohány.
A líra: logika;
de nem tudomány.

[1937]

[WHEN YOUR SOUL…]

When your soul and mind
flow babbling through
things and skies
like a brook over rocks—

high on your heart's flood
you may suddenly know it:
you don't need another's lines,
you are the poet!

In my garden
the tobacco leaf ripens.
The lyric has its logic
but it's not a science.

[CSAK MOST...]

Csak most értem meg az apámat,
aki a zengő tengeren
nekivágott Amerikának.

Utnak eredt – nem új jelenség, –
hogy lefülelje bátoran
a természetes jószerencsét.

El is keserült, meg is csappant
érdeke itt, az óhazán,
unta főzni a szagos szappant.

Csak most értem meg az apámat,
aki az ingó tengeren
nekivágott Amerikának.

Az urak locsogtak fecsegtek,
ő batyut kötött, odaszállt,
hol jó munkást szép pénz kecsegtet.

Az erdőn nem volt egy szál bokra,
egész uton emlékezett
és hányt a hempergő habokra.

Elhagyta bölcsen a családját –
azért, mert keményen keres,
a csemetéi őt ne áldják,

mert megátkozzák, ha felnőnek.
Nem volt erkölcsi példatár
s nem hűse hazugság felhőnek.

Csak most értem meg az apámat,
aki a csalárd tengeren
nekivágott Amerikának.

At last I understand my father,
who across the resounding ocean,
had set out for America.

He'd gone away, it's nothing new,
to bravely collar the good fortune
that was by rights his due.

His chances dwindled, his hope
embittered, in the old country,
he was tired of boiling scented soap.

At last I understand my father,
who, across the wavering ocean
had set out for America.

While the lords filibustered,
he packed his bag and moved on where
hard work earned good money, he'd heard.

In the forests back home not a leaf was his,
all the way over he remembered—
and threw up on the heaving waves.

Wisely, he had left his family.
His children shouldn't have to bless him
for each meager hard-earned penny—

only to curse him after he dies.
No, he was not a preacher of morals,
nor was he loyal to clouds of lies.

At last I understand my father,
who, across the deceptive ocean,
had set out for America.

211

Csak most, hogy új világba tartok.
Flórám az én Amerikám.
Elenyésztek a régi partok,

nem ődöngök zajuk-bajukban:
az emberarcok mélyiről
uj értelem szegélye bukkan.

Ahogy az apám nekivágott –
ha százszor nincsen, akkor is
Istenre bízom a világot.

Én nem a tusától szabódom:
szerelmemért csalok, ölök –
bár lehetőleg korrekt módon.

[1937]

At last, as I set out for my
New World: Flora is my America.
Slowly, the old coastlines sink and die,

I'm no longer lost in those pains and fears.
From the depths of human faces
an edge of new understanding appears.

Just like my father had set out—
even if God never existed,
I would still trust this world to God.

This is not shrinking from the fight:
for love I would cheat and kill—
but in acceptable ways, if you will.

GYÖNYÖRŰT LÁTTAM

Gyönyörűt láttam, édeset,
elképzeltem egy gyenge rózsát.
Elbámészkodtam s rám esett,
mint nagy darab kő, a valóság.

Ám ez a kő is képletes.
A legjobb, ha mindent kimondok.
Így oktatnak ügyeletes
és tanulságos napi gondok.

Lám, ösztönöm helyes nyomon
járt, amikor bejött az ember.
„Kikapcsolja a villanyom" –
ez zúgott bennem, mint a tenger.

A kés ott volt az asztalon
– éppen a ceruzám hegyeztem –
ha ezt az embert leszurom,
tudom, mindennel kiegyeztem.

El voltam keseredve. Hát
minden sötét és szomorú lesz.
Állat védheti otthonát;
hanem másfajta háború ez.

Fegyvert ragadni gyengeség:
megöl az ellenség és megver
s elszáll rólam a kedvesség.
Jogállamban a pénz a fegyver.

A hadviselés itt ma más.
A hős a kardot ki se rántja.
Bankó a bombarobbanás
s mint fillér, száll szét a szilánkja.

Így okoskodtam s jónapot
kívánva elhúzódtam oldalt
s este a nyájas csillagok
rámnevettek a teli holddal.

[1937]

I SAW BEAUTY

I saw beauty, sweetness:
I imagined a frail rose.
And reality, as I stared,
crashed rock-like against my head.

But this rock is a metaphor.
It is best if I speak plainly.
That's what I'm taught by cares'
instructive daily duty.

My intuition was right
as soon as the man came in.
"He's here to turn off the power."
My head roared like an ocean.

The knife lay on the table,
ready for pencil sharpening.
To stab him would have meant
getting even for everything.

I was in despair that now
all would be dark and sad.
Animals may defend the lair
but ours is a different war.

Resorting to arms is weakness:
the enemy kills and conquers
by driving away one's sweetness.
Money is king of law and order.

Warfare these days is a different notion.
The hero never draws the sword.
Banknotes set off each explosion,
scattering shrapnel, pieces of gold.

Thus reasoning, I said goodnight
and turned in toward the wall.
Later I woke to the light
of smiling stars. The moon was full.

SZÜRKÜLET

Ez éles, tiszta szürkület való nekem.
Távol tar ágak szerkezetei
tartják keccsel az üres levegőt.
A tárgy-egyén mind elválik a többitől,
magába mélyed és talán megsemmisül.
Ki tudja? Válaszolna erre ösztönöm,
de mint az eb, melyet gazdája megszidott
s kedvetlenül borong a rideg udvaron
s ha idegen jő, rávonít, de nem beszél,
olyan most ő. Mihez foghatnék nélküle?
Csak egy bizonyos itt – az, ami tévedés.
Még jó, hogy vannak jambusok és van mibe
beléfogóznom. – Járni gyermek így tanul.
Hisz gyermek is csupán azért nem lehetek,
mert túlnyügös volnék, makacs és kétszinű,
talán mivelhogy minden ember épp ilyen
ravasz és csökönyös, ha az – nem tudhatom.
Az egyik rámkacsint s azt mondja: szép fiú,
s a másik: ronda dög, megint nem dolgozol,
de hasadat azt félted! (hát ne féltsem-e?)
Ez pénzt nyom a kezembe s így szól: boldogulj,
megértelek, szenvedtem én is eleget,
s amaz ellopja tőlem a szemetet is.
Ez ideránt, az odahúz, mind fogdos, vartyog, taszigál,
de észre egyikük sem veszi púpomat,
mit úgy hordok, mint őrült anya magzatát,
mellyel – azt hiszi – némaságot szül vagy tiszta űrt.

[1937]

216

DUSK

This sharp, clear dusk was made for me.
Far off, bare branches construct
delicate support for empty air.
The self, made subject, separates from the world,
becomes self-absorbed, perhaps destroyed.
Who knows? Intuition could give the answer,
but, like a dog scolded by its master,
it wanders morosely in the frozen yard,
howling at strangers. It will not speak,
and without it, what am I to do?
Only one thing is sure here—there's been a mistake.
It's good that iambs still exist: something
to hang on to. This is how children learn to walk.
But I cannot be a child, because I am
too fretful, stubborn, treacherous…
perhaps because all humans are just as
sly and pigheaded. Are they? I cannot tell.
One winks at me and says, "You lovely man,"
the other, "Lazy slob, you are not working again,
but you make sure your belly's full." (Perhaps
I shouldn't?) This one shoves money in my hand,
"Be happy, I, too, have suffered, I understand."
Another would steal even the pillow under my head.
I'm jerked around, handled, jostled, croaked at,
yet no one notices this hunchback I lug around
like a crazed mother the fetus in her womb,
to give birth to silence, pure emptiness in a room.

Karóval jöttél, nem virággal,
feleseltél a másvilággal,
aranyat igértél nagy zsákkal
anyádnak és most itt csücsülsz,

mint fák tövén a bolondgomba
(így van rád, akinek van, gondja),
be vagy zárva a Hét Toronyba
és már sohasem menekülsz.

Tejfoggal kőbe mért haraptál?
Mért siettél, ha elmaradtál?
Miért nem éjszaka álmodtál?
Végre mi kellett volna, mondd?

Magadat mindig kitakartad,
sebedet mindig elvakartad,
híres vagy, hogyha ezt akartad.
S hány hét a világ? Te bolond.

Szerettél? Magához ki fűzött?
Bujdokoltál? Vajjon ki űzött?
Győzd, ami volt, ha ugyan győzöd,
se késed nincs, se kenyered.

Be vagy a Hét Toronyba zárva,
örülj, ha jut tüzelőfára,
örülj, itt van egy puha párna,
hajtsd le szépen a fejedet.

[1937]

[YOU BROUGHT A STAKE...]

You brought a sharp stake, not a flower,
you argued, in this world, with the other,
promised a bag of gold to your mother,
and look where you are slumped now:

like some toadstool by a treestump
(you need to be cared for, you chump)
imprisoned at the Seven Towers—
you'll never escape from this dump.

Babyteeth against stone: why bite?
Why hurry, to be left behind?
Why didn't you dream at night?
What was it you wanted in the end?

You always left yourself unsheltered,
your wounds you constantly picked at,
you're famous now, is that what you wanted?
So what else is new, you idiot?

So you have loved? Who clung to you?
You went into exile? Who banished you?
Own it all up, else it will own you.
You have no knife here and no bread.

Here at the Seven Towers, imprisoned,
be glad if you have enough firewood,
be glad if your bed is cushioned.
Lay down your head, and be good.

Ime, hát megleltem hazámat,
a földet, ahol nevemet
hibátlanul írják fölébem,
ha eltemet, ki eltemet.

E föld befogad, mint a persely.
Mert nem kell (mily sajnálatos!)
a háborúból visszamaradt
húszfilléres, a vashatos.

Sem a vasgyűrű, melybe vésve
a szép szó áll, hogy új világ,
jog, föld. – Törvényünk háborús még
s szebbek az aranykarikák.

Egyedül voltam én sokáig.
Majd eljöttek hozzám sokan.
Magad vagy, mondták: bár velük
voltam volna én boldogan.

Így éltem s voltam én hiába,
megállapíthatom magam.
Bolondot játszottak velem
s már halálom is hasztalan.

Mióta éltem, forgószélben
próbáltam állni helyemen.
Nagy nevetség, hogy nem vétettem
többet, mint vétettek nekem.

Szép a tavasz és szép a nyár is,
de szebb az ősz s legszebb a tél,
annak, ki tűzhelyet, családot
már végképp másoknak remél.

[1937]

[I FINALLY AT FOUND MY HOME...]

I finally found my home,
the land where my name
is correctly spelled above the grave
where I'm buried—if I'm buried.

This earth will take me in
like an alms box.
No one wants a worthless coin
left over from the days of war,

or the iron ring engraved with
the fine words: new world, rights,
land. Our laws are still for war
and gold rings are preferred.

I was alone for a long time.
Then many came to visit me.
'You live alone' they said, though
gladly I would have lived among them.

That's how I lived, in vain,
I'll be the first to say.
They made me play the fool.
Now even my death is useless.

While I lived I tried
to stand up against the whirlwind.
The joke is, I harmed less
than I was harmed.

Spring is fine and so is summer,
but autumn's better and winter best
for one who finally leaves his hopes
for a family and a home to others.

[CSAK AZ OLVASSA...]

Csak az olvassa versemet,
ki ismer engem és szeret,
mivel a semmiben hajóz,
s hogy mi lesz, tudja, mint a jós,

mert álmaiban megjelent
emberi formában a csend
s szivében néha elidőz
a tigris és a szelid őz.

[1937]

[ONLY YOU SHOULD READ MY POEMS...]

Only you should read my poems
who know me and love me well,
since you sail in nothingness,
and, like a prophet, can foretell

the future, for silence in your dreams
has taken on a human form
and in your heart at times appear
the tiger and the gentle deer.

Második kiadás

Angol műfordítás © John Bátki

A könyvet Kozma Miklós tervezte

Betűtípusa a Tótfalusi Kis Miklós által tervezett
»Janson« antikva

Kiadja a Corvina Kiadó Kft., az 1795-ben alapított
Magyar Könyvkiadók és Könyvkereskedők Egyesülésének tagja

1086 Budapest, Dankó u. 4–8.
E-mail: corvina@lira.hu
www.corvinakiado.hu

Felelős kiadó és szerkesztő: Kúnos László
Műszaki vezető: Illyés Éva

ISBN 978 963 13 5950 3

Tördelés: Regál Grafikai Stúdió

Készült a Szekszárdi Nyomdában, 2010-ben
Felelős vezető: Vadász József